辽宁省课程思政示范课程 / 辽宁省一流本科课程“广告设计”配套教材

社会主义核心价值观广告 | 中华美育广告 | 廉洁教育广告 | 商业广告

广告设计

东北大学出版社

霍 楷 高 罍 主编

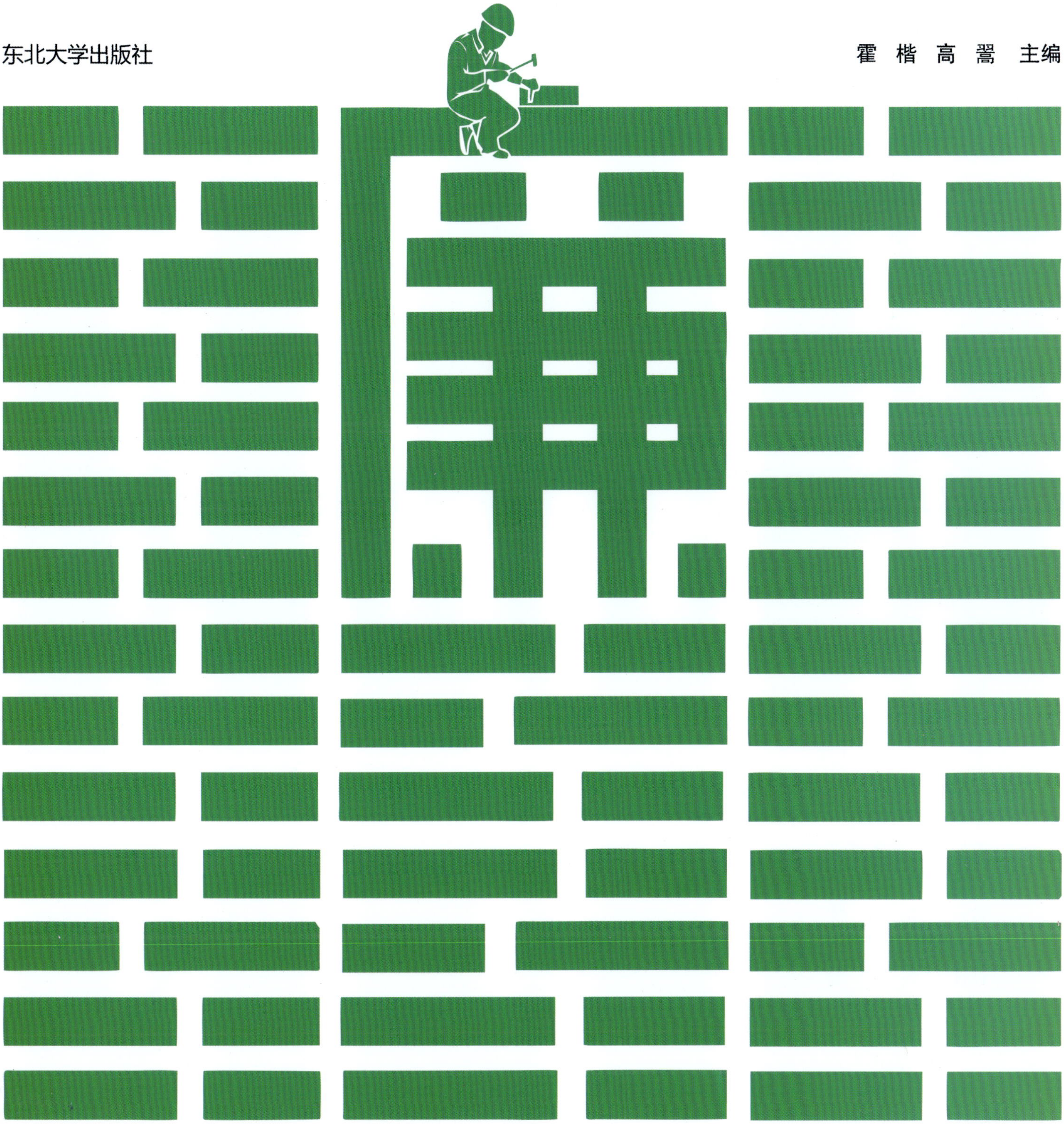

图书在版编目（CIP）数据

广告设计 / 霍楷，高嚣主编. -- 沈阳 ：东北大学出版社，2025.7. -- ISBN 978-7-5517-3778-4

Ⅰ. F713.81

中国国家版本馆CIP数据核字第2025BZ2054号

出 版 者：东北大学出版社
地址：沈阳市和平区文化路三号巷11号
邮编：110819
电话：024-83683655（总编室）
024-83687331（营销部）
网址：http://press.neu.edu.cn
印 刷 者：辽宁一诺广告印务有限公司
发 行 者：东北大学出版社
幅面尺寸：210 mm × 285 mm
印　　张：10
字　　数：467千字
出版时间：2025年7月第1版
印刷时间：2025年7月第1次印刷
策划编辑：张德喜
责任编辑：初　茗
责任校对：郎　坤
封面设计：潘正一
责任出版：魏　巍

ISBN 978-7-5517-3778-4　　定价：78.00元

前言

广告设计课程思政是将思想政治教育元素有机融入广告设计的教学过程中，以实现专业知识传授与价值引领协同发展。在广告设计课程中，思政教育旨在培养学生的社会责任感、职业道德、创新精神和文化自信。通过引导学生关注社会热点问题，将公益、环保、公平正义等理念融入广告创意，使其作品不仅具有商业价值，更能对社会产生积极影响。

广告设计课程作为视觉传达设计专业的核心课程，其地位不言而喻。而在日常的教学工作中，教师们总是会碰到学生这样的疑问："老师，他们是怎么想的呢?""为什么要融入课程思政?""如何结合课程思政?"本教材根据广告设计课程特征，以立德树人为根本任务，将思政元素融入广告设计课程全过程，秉承全面性与系统化、实战性、传承性、科学性等特点撰写。希望本教材可以全面和深刻地反映广告设计的知识体系，培养学生将创意思维和创新精神融会贯通，最重要的是培育学生正确的价值导向和设计观念，通过广告设计课程思政育人，解决"培养什么人、怎样培养人、为谁培养人"的问题。使本科阶段的学生不但要会设计，而且要设计好，有设计者的责任感与使命感，作品还要具备系统性、专业性，能够参评获奖。既要合理地研究、探索、分析、解决本科生的技能训练问题，有效培养学生的基本专业设计能力素养，又要进行专业设计高层面的集文化价值、审美价值、实用价值于一体的科学性探索。在基础理论指导下，使学生完成审美认知、审美定位、审美情趣、创作方法、创作原则、创作手段及创作目的等专业设计要求。本书通过大量案例不仅表述了广告设计是什么，更重要的是让学生明白怎样做才能使广告设计作品更优秀、更时尚、更前卫、更实用，以及广告设计不是一成不变的，而是与时俱进的集时尚性、艺术性、原创性、审美性于一体的作品。

本书为2024年度辽宁省研究生教育教学改革研究项目和东北大学2023年研究生教育质量保障工程项目立项"基于国际高水平竞赛的立体拔尖创新型艺术硕士培养实践研究"（LNYJG2024068）成果。本书为辽宁省课程思政示范课程、辽宁省一流本科课程"广告设计"的配套教材。

本书的编写旨在抛砖引玉，希望业内专家学者批评指正。

编　者

2024年12月于沈阳

目 录

反对学术腐败 提倡教育廉洁 Be against academy corrupt Recommend education honest
抵制学校学术腐败
RESIST
COLLEGE'S
ACADEMIC
CORRUPTION

第一节　广告设计概念

一、广告的概念

《韦伯斯特词典》对广告的定义是：广告是指在通过直接或间接的方式强化销售商品、传播某种主义或信息、召集参加各种聚会和集会等意图下开展的所有告知性活动的形式。广告设计是在广告实践方面（包含设计调研、设计创意、设计形式、设计表现、设计整合、设计发布、设计反馈等）综合运作的过程。

二、招贴的概念

招贴（poster）在《牛津英汉大词典》中的释义为“展示在公共场合的告示（Placard displayed in public place）”。《现代汉语词典》（第7版）对招贴的定义是：“贴在街头或公共场所，以达到宣传目的的文字、图画。”汉语中“招贴”的“招”字的含义非常形象，意为人手中提刀在吆喝。招，就是招引、招呼的意思，贴，就是张贴。招贴顾名思义，就是张贴在公共场所引人注意、宣传活动或理念的视觉艺术形式，其初始形态应该是告示、布告或传播理念的贴物等，经过长期发展演变形成了日益明确的特点：能引起公众注意，传播信息；能复制张贴。如图1.1所示。

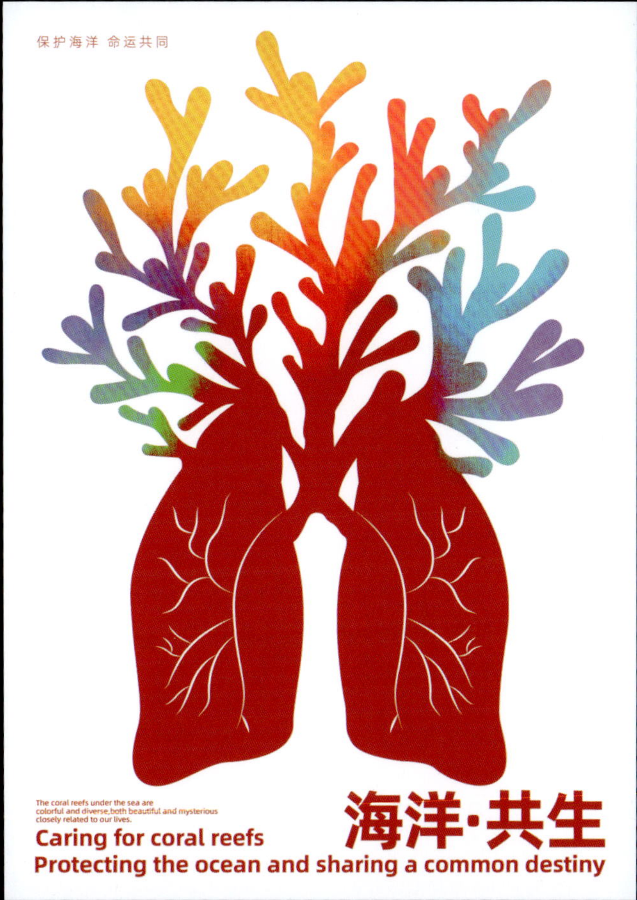

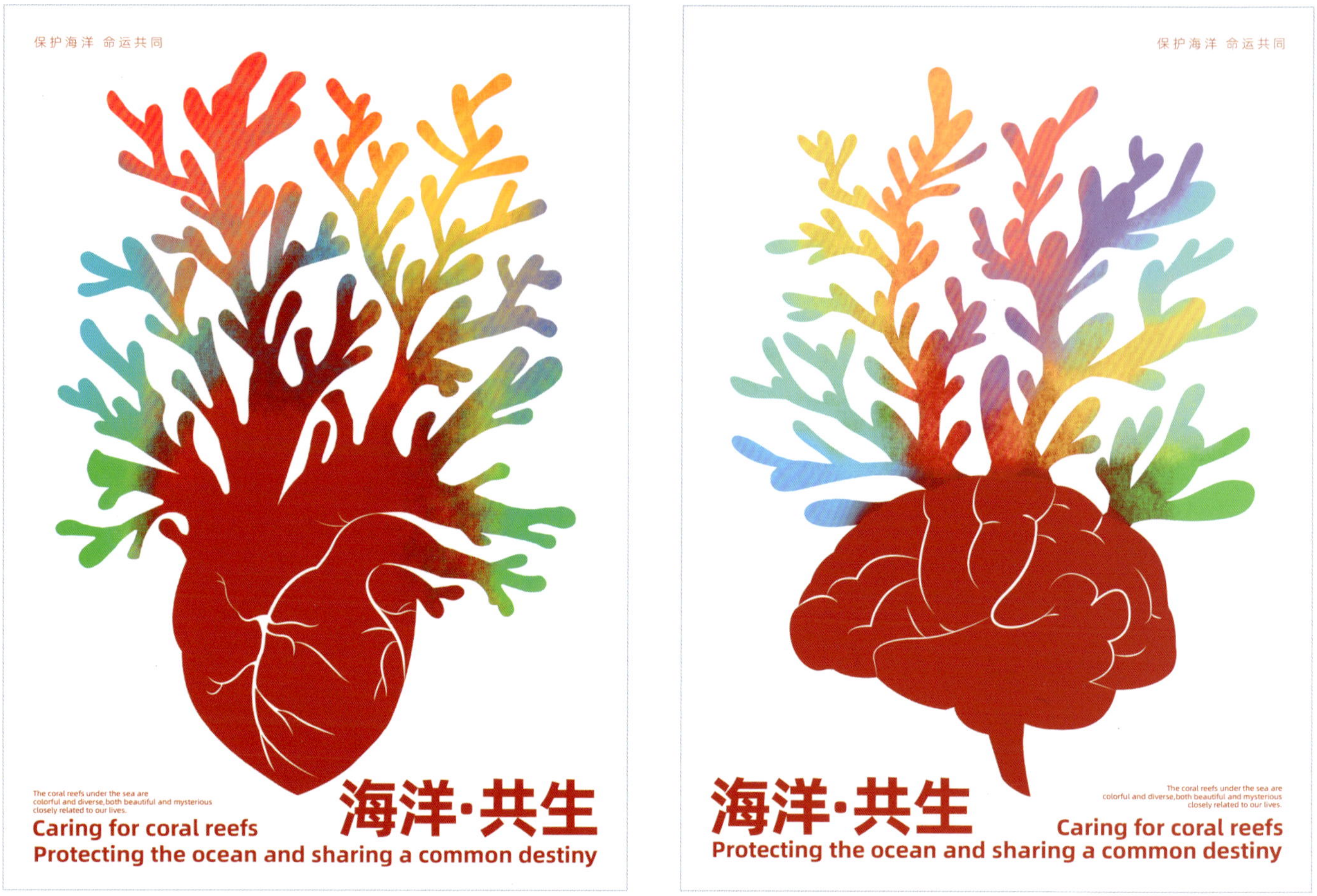

图1.1　邓思诺《海洋·共生》系列

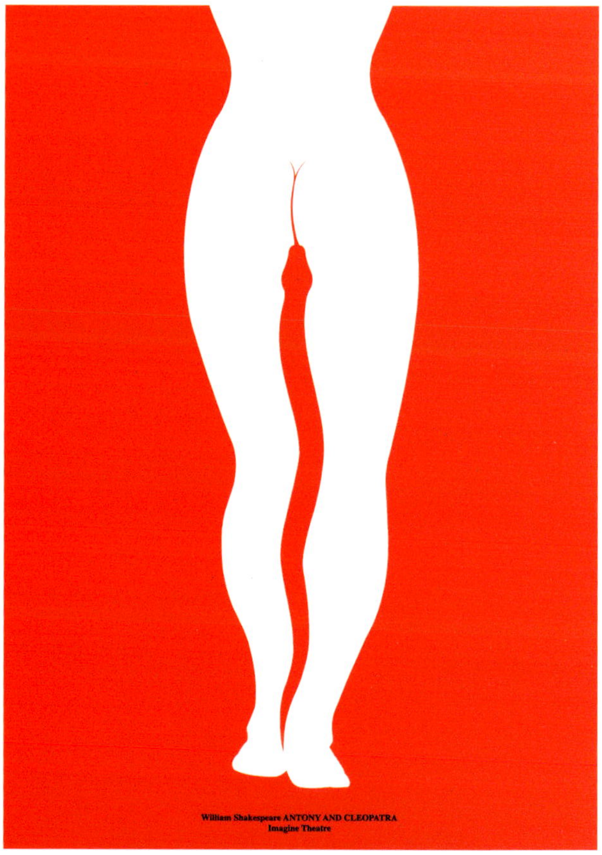

图1.2　雷克狮《安东尼和克劳柏地亚》

三、海报的概念

《现代汉语词典》（第7版）对海报（playbill）的定义是：“戏剧、电影等演出或球赛等活动的招贴。”据记载，“海报”是招贴在国内的另一个名称。鸦片战争后，中国沦为半殖民地半封建社会，西方国家在我国倾销商品、宣传理念。商人、传教士等在沿海码头、沿街、商铺等各醒目处张贴“poster”宣传商品、传教等，沿海市民称这种poster为海报，意为来自海外的、海量的信息报道。因此以后凡是有类似海报目的及其他有传递消息作用的张贴物都称为“海报”。随着时间的推移和海报应用的固化，海报大多应用于音乐、电影等艺术互动领域的宣传。如图1.2所示。

四、宣传画的概念

《辞海》(第七版) 对宣传画的定义是：变称“招贴画”。一种以宣传鼓动为目的、结合简短号召文字的绘画。通常指政治宣传画，广义包括文化活动的海报和商品广告等。从早期的图画传单演变而来，具有造型简洁突出、色彩鲜明醒目等特点。大都经过复制，张贴于街头或其他公共场所。”新中国成立后，社会主义社会制度确立，出现了大批画家和美术工作者绘制的描绘政治题材、生活生产题材的宣传画，作品中以歌颂祖国、弘扬正气、促进生产和社会建设等为主要视觉形象和表现要素，加之醒目的主题标语和口号，这一时期的此类作品称为宣传画，展现出和平和祥和的社会环境与时代风貌、欣欣向荣的生活印象和时代背景。如图1.3所示。

图1.3　肖洋《新时尚》

第二节　广告设计思政价值导向

一、广告设计的思政目标

广告设计的思政教学目标在于培养学生成为兼具专业素养和高尚品德的广告设计人才。首先，让学生深刻领悟社会主义核心价值观，在设计中展现爱国之情，激发社会大众的民族自豪感；倡导敬业精神，传播对待工作的认真负责态度；彰显诚信之美，营造诚实守信的社会氛围；弘扬友善之风，增进人与人之间的温暖与和谐。其次，培养学生对社会问题的敏锐感知，能够通过广告作品呼吁公众关注环境保护、社会公平、弱势群体等议题，发挥广告的社会引导作用。再次，增强学生的文化自信，鼓励他们从中华优秀传统文化中汲取灵感，结合现代设计手法，创作出富有文化内涵和时代特色的作品。注重培养学生的创新思维和批判精神，使他们能够突破传统，设计出具有独特创意和思想深度的广告设计作品。最后，强化学生的职业道德和法律意识，确保他们在广告设计中遵循法律法规，拒绝虚假、夸大、误导等不良内容，维护行业的公正与诚信。

二、广告设计的思政定位

广告设计的思政教育定位于培养具有高度社会责任感和正确价值导向的创新型广告人才。其核心在于引导学生认识到广告不仅是商业营销和社会宣传的手段，更是影响社会价值观和文化传播的重要力量。通过思政教育，让学生明白广告设计应当服务于社会的进步与发展，而非仅仅追求商业利益。在具体定位上，一是培养学生的爱国情怀和文化自信，使他们能够在广告作品中展现中华优秀传统文化和现代发展成就，增强民族自豪感和文化认同感。例如，鼓励学生设计具有中国特色元素的广告，传播中国声音。二是强化社会公德和职业道德教育，让学生在设计过程中遵守道德规范，不制作虚假、低俗、误导消费者的广告，维护社会公平正义和市场秩序。三是引导学生关注社会热点问题，以广告设计为手段，积极参与社会公益事业，推动社会的文明与进步。例如，鼓励学生设计关于环保、扶贫、教育等公益广告，激发公众的社会责任感。四是培养学生的创新思维和批判意识，使其能够在广告设计中突破传统观念的束缚，创造出既符合时代需求又具有思想内涵的优秀作品。

三、广告设计的思政元素

爱国主义是重要的思政元素。通过广告设计，展现祖国的悠久历史和伟大成就，激发人们对祖国的热爱和自豪之情。设计以中国传统文化、社会主义核心价值观等元素，搭配现代设计形式与表现手法，展示国家自强和文化自信。社会主义核心价值观是关键的思政元素。在广告设计中体现“富强、民主、文明、和谐”的国家层面价值目标，“自由、平等、公正、法治”的社会层面价值取向，以及“爱国、敬业、诚信、友善”的公民个人层面价值准则。中华优秀传统文化元素在广告设计中独具魅力。包括诗词、书法、绘画、传统节日、建筑、纹样、符号等，传递着中华民族的智慧和审美，增强文化自信。社会责任感也是不可或缺的思政元素。设计倡导环保、公益、扶贫等主题的广告，鼓励人们积极参与社会建设，为构建美好社会贡献力量。创新精神在思政元素中占据重要地位。鼓励设计师突破传统思维，以新颖独特的方式表达主题，展现时代风貌和进步。廉洁教育可以通过廉洁理念贯穿育人全过程，营造风清气正、公平正义的育人环境。学术诚信教育全程融入教学，通过广告设计原创、创新教育，培养具有创新精神、诚信品质的高素质人才。这些思政元素融入广告设计，不仅能够提升广告的内涵和价值，还能对社会产生积极的引导和教育作用。

四、广告设计的思政意义

广告设计作为社会领域重要的宣传手段，思政意义深远。首先，广告设计传播主流价值观念。在信息快速传播的时代，优秀的广告作品成为弘扬社会主义核心价值观的有效载体。通过生动形象的视觉和文字表达，将爱国、敬业、诚信、友善等价值理念深入人心，引导社会公众形成积极向上的价值取向，增强社会的凝聚力和向心力。其次，广告设计有助于推动社会文明进步。倡导良好的社会风尚，以富有创意和感染力的方式，呼吁人们摒弃不良习惯，养成文明行为，从而提升整个社会的文明程度。再次，广告设计能够激发社会责任感。通过展示社会问题和公益事业，激发人们对环境保护、贫困救助、教育公平等问题的关注，促使更多的人参与到解决社会问题的行动中来，共同为构建和谐社会贡献力量。最后，广告设计对于文化传承和创新具有重要作用。它将传统文化元素与现代设计手法相结合，使传统文化在新时代焕发出新的活力，增强民族文化自信，促进文化的传承与发展。由此可见，广告设计在传播正能量、引领社会风尚、传承文化、塑造形象等方面发挥着重要的思政作用，对社会的发展和进步具有积极的推动意义。

第三节　思政广告设计分类

一、社会主义核心价值观广告设计

社会主义核心价值观广告设计是通过创意和视觉表现手段，将社会主义核心价值观（富强、民主、文明、和谐、自由、平等、公正、法治、爱国、敬业、诚信、友善）进行有效传播和推广的艺术形式。旨在以独特的创意理念和视觉语言，将抽象的价值观念转化为具体、生动且易于理解和接受的图像、文字和符号组合。通过精心策划的布局、色彩运用、图形设计和文案表述，引发观众的情感共鸣和思考，从而在潜移默化中传递社会主义核心价值观的内涵和重要性。社会主义核心价值观广告设计不仅是为了吸引眼球和追求视觉冲击，更重要的是要具有深刻的思想性和教育意义。它要能够准确把握社会主义核心价值观的本质和精髓，以积极向上、充满正能量的方式呈现出来，引导人们树立正确的价值取向，促进社会的和谐发展与进步。在设计过程中，需充分考虑目标受众的特点和需求，运用象征、比喻、对比等多样化的表现手法，使广告作品具有更强的感染力和说服力。另外，要注重与社会现实相结合，反映当下社会的热点问题和人们关切的话题，让社会主义核心价值观在实际生活中得到具体体现和践行。可见，社会主义核心价值观广告设计是将社会主义核心价值观与广告艺术相融合的创造性活动，其目的是通过视觉传播的力量，推动社会主义核心价值观在全社会的广泛传播和深入人心。如图1.4所示。

图1.4　李孟贾《节俭日历》

二、中华美育广告设计

中华美育广告设计是以传播中华美育理念和价值观为核心目标的创意设计活动。它融合了中国传统文化中的诗词、书法、绘画、音乐、舞蹈、戏曲、建筑、典型人物、民间故事等题材中的美学元素，以及中华民族独特的审美观念和审美情趣，通过巧妙的构思和创意表现，将这些丰富的美育内涵转化为具有吸引力和感染力的广告形式。中华美育广告设计不仅是对美的外在展示，更是对中华美育精神的深度挖掘和传达。它强调以美育人、以美化人，通过广告作品培养人们对美的感知、欣赏和创造能力，提升人们的审美素养和文化自信。中华美育广告设计注重运用富有诗意的画面、优美的线条、和谐的色彩、精致的构图等视觉元素，结合现代的设计手法和传播渠道，营造出一种能够触动人心的传统文化美的氛围，使中华美育在当代社会中焕发出新的活力和魅力。中华美育广告设计的目的在于激发人们对中华传统文化之美的热爱和追求，促进中华美育在全社会的普及和传承，让更多的人在美的熏陶中丰富精神世界，塑造美好心灵，推动社会文明的进步和发展。中华美育广告设计是连接中华传统美育与现代社会的桥梁，是传递美的力量、弘扬中华美学精神的重要手段。如图1.5所示。

图1.5　秦晋《纵使千山万水 难抵孝亲之情》系列

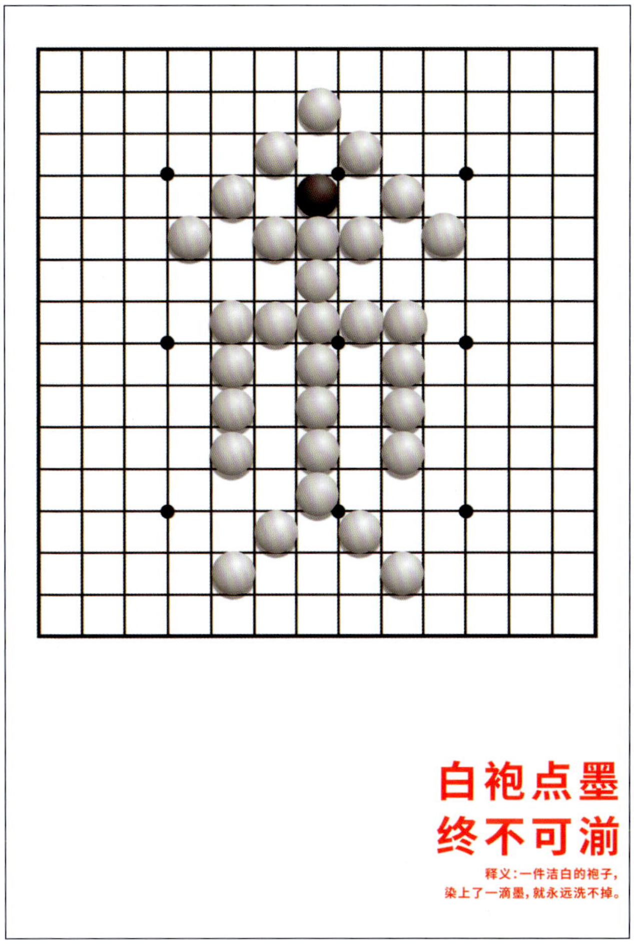

三、廉洁教育广告设计

廉洁教育广告设计是一种旨在传播廉洁理念、倡导廉洁行为、预防和抵制腐败现象的公益广告设计。它以反腐倡廉为主题，运用多样化的广告设计元素和表现手法，通过醒目的图形图像、简洁有力的文字、富有感染力的色彩等，来吸引受众的注意力并引发其内心的共鸣。廉洁教育广告设计不仅是信息的传递，更是一种价值的引导。它通过直观而深刻的方式，剖析腐败的危害，强调廉洁的价值和重要性，促使人们树立正确的权力观、价值观和道德观。廉洁教育广告设计能够强化大学生倡导廉洁对社会公正和公共利益的维护，注重培养廉洁意识和正直品格。廉洁教育广告设计应注重创新和个性化，避免模式化和生硬的说教，而是通过巧妙的构思和独特的表现形式，使其在众多广告中脱颖而出，更好地被受众接受和记忆。将廉洁教育贯穿大学生育人全过程，通过广告设计培养学生具有强烈社会责任感，通过视觉的冲击和心灵的触动，激发人们对廉洁的追求，营造风清气正的社会环境。如图1.6所示。

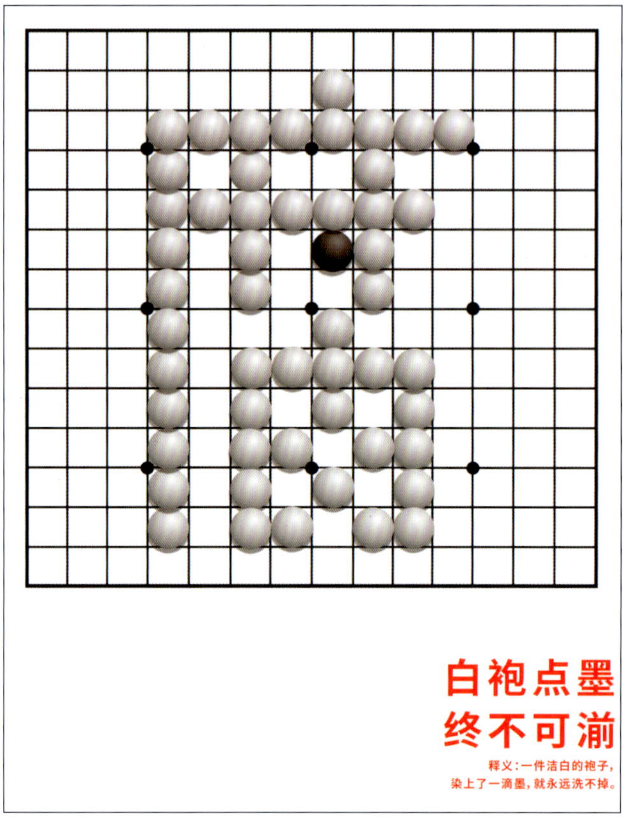

图 1.6　徐子蕙《白袍点墨·终不可湔》系列

图 1.7　宁振瑶《抵制学校学术腐败》

四、学术诚信广告设计

学术诚信广告设计是一种专门针对学术领域，以倡导和维护学术诚信原则为核心目标的创意传播形式。它运用各种视觉、文字和多媒体元素，通过巧妙的构思和精心的编排，将学术诚信这一抽象且重要的理念转化为直观、生动且具有强烈感染力的广告设计作品。学术诚信广告设计不仅是对学术规范和道德准则的简单陈述，更是深入挖掘学术诚信的内涵和价值，以引发受众的深度思考和情感共鸣。它可能通过展示真实的学术研究场景、成功的诚信案例，或者对比不诚信行为带来的严重后果，来强调学术诚信对于知识进步、学术声誉以及社会发展的重要意义。学术诚信广告设计采用精准、专业且具有说服力的表达方式，运用清晰明了的图表、严谨的文字阐述、具有象征意义的图像等元素开展诚信教育，使广告能够准确传达学术诚信的要求和标准。学术诚信广告设计的目的在于增强学者、学生以及整个学术社区对学术诚信的认知和重视，培养自觉遵守学术规范的意识和习惯，从而营造一个公正、严谨、创新的学术环境，推动学术研究的健康发展和知识的真实传播。如图 1.7 所示。

五、商业广告设计

商业广告设计是一种旨在促进产品或服务销售、提升品牌形象和影响力、吸引目标受众并激发其购买欲望的创意性视觉传达活动。它以商业目标为导向，运用多种设计元素和技巧，包括图像、色彩、字体、排版、动画、音效等，来精心打造具有吸引力和冲击力的广告作品。这些作品通过各种传播渠道，如电视、网络、户外广告牌、印刷品等，将产品或服务的特点、优势和价值有效地传递给潜在消费者。商业广告设计不仅是对产品或服务的简单展示，更是通过深入了解目标市场和受众的需求、喜好、心理特征，创造出能够与受众产生情感共鸣、建立品牌忠诚度的创意内容。它能够突出品牌个性，塑造独特的品牌形象，使品牌在竞争激烈的市场中脱颖而出。商业广告设计需要充分考虑广告的传播效果和营销价值，平衡创意与实用性，确保广告既能吸引眼球，又能清晰准确地传达关键信息，引导消费者采取行动，如购买产品、访问网站、关注品牌等。商业广告设计是商业营销与创意艺术的融合，是企业与消费者之间沟通的重要桥梁，对推动商业成功和市场发展具有关键作用。如图 1.8 所示。

图1.8 刘润孟《更自然 更新鲜》系列

第四节 广告设计特点

一、时效性与快速认知

广告设计是发布在公共场所，传播活动、事件、理念等信息的载体之一，尤其是商业广告、宣传海报等传达一定时间范围内的信息，或服务于文化机构、文化活动等，具有时效性特征。因此，好的广告设计必须在短时间内让观者快速识别、解读以给人们留下久久难忘的深刻印象，达到有限时间内传达信息的目的。广告设计的时效性是其至关重要的特性之一。在当今信息快速更迭的时代，广告必须紧密贴合当下的社会热点、流行趋势和消费者的即时需求。在重大节日或特殊活动期间，广告设计能够迅速响应，推出具有针对性的主题和元素，以吸引消费者的关注。这种对时间的敏感性使广告能够在特定的时间段内产生最大的影响力，从而抓住稍纵即逝的市场机会。

由于广告设计具有时效性，因此在设计时要求其视觉语言具有快速认知的视觉效果。快速认知则是广告设计成功的关键要素。由于消费者在日常生活中会接触到海量的信息，广告必须能够在极短的时间内被理解和记住。这意味着广告设计需要具备简洁明了的视觉语言，突出关键信息和核心卖点。运用醒目的色彩对比、简洁有力的图形、易于理解的文字，让消费者能够在瞬间捕捉到广告的主旨。一个具有快速认知特点的广告设计，能够让消费者在匆匆一瞥之间，就感觉到品牌形象、产品优势或促销活动等重要内容。它能够迅速突破信息的繁杂，吸引消费者的注意力，并在其脑海中留下深刻的印象。这种快速认知的效果能够促使消费者在短时间内做出初步的判断和反应。如图1.9所示。

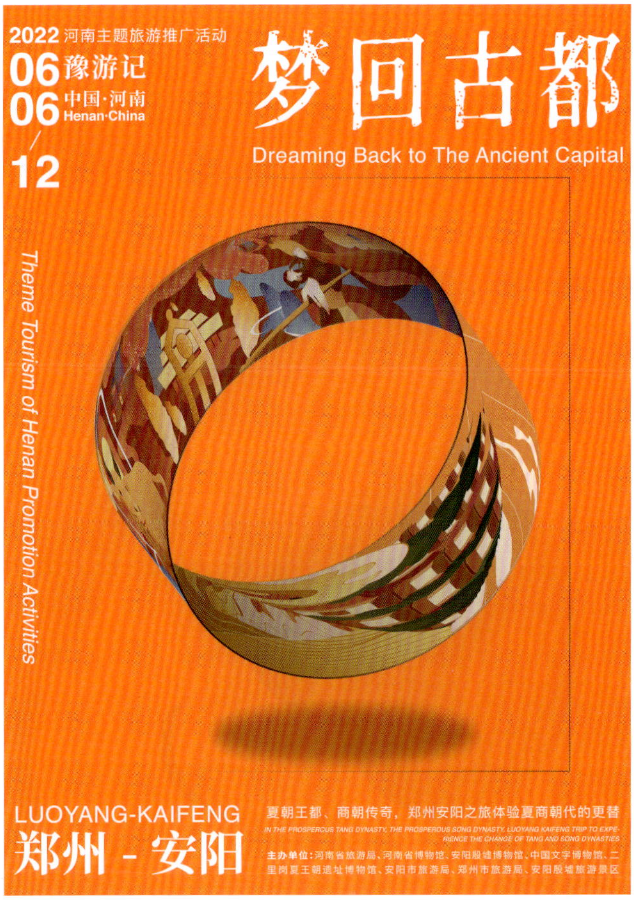

图1.9 丛琳《梦回古都》

二、创意精准与视觉震撼

准确创意是广告设计的灵魂所在。它意味着精准地洞察目标受众的需求、欲望和情感，深入理解产品或服务的核心价值，并将二者巧妙地融合在一起。准确的创意能够在众多竞争信息中脱颖而出，直击受众的内心痛点和兴趣点。准确的广告设计创意能够精确地契合品牌或产品的核心信息、目标受众的需求与期望，以及传播的目标和环境。准确的创意是建立在深入的调研与分析、对精巧的理念内涵和目标受众的透彻理解之上。通过这种深入的洞察，广告设计创意能够准确地捕捉到品牌的独特卖点和价值，将其以新颖、引人入胜且易于理解的方式呈现出来。准确的创意能够直击目标受众的内心，引发他们的情感共鸣，从而有效地吸引他们的注意力并促使其对广告所传达的内容产生兴趣。这不仅体现在对产品功能和优势的清晰展示，还包括对品牌形象、价值观和情感诉求的精准传递。

精准的创意需要强有力的视觉冲击加持，才能将创意快速传递给受众。视觉冲击力强的广告设计，能够吸引观者的注意力，有助于它的信息传达，产生强烈的视觉震撼力。广告设计的视觉震撼力是一种能够瞬间吸引观众目光、冲击其感官并留下深刻印象的强大力量。它体现在宏大而独特的画面表现、鲜明而强烈的色彩对比、夸张而富有张力的图形构造以及极具动态感和节奏感的元素组合。这种视觉震撼不仅能够抓住观众的注意力，更能在他们的心中留下难以磨灭的印记，使广告信息得以强有力地传达。当视觉震撼与准确创意完美结合时，广告设计便具有了无与伦比的魅力和效果。视觉震撼吸引观众的目光，而准确创意则确保他们能够真正理解和接受广告所传达的信息，从而引发情感反应，促使他们采取行动，如购买产品、关注品牌或分享广告内容。这种强大的组合能够使广告在短时间内产生巨大的影响力，实现广告的商业和传播目标。如图1.10、图1.11所示。

图1.10　雷克狮《和平》

三、艺术审美与原创个性

广告设计中的传达信息可根据主题充分发挥创意的艺术想象力，尽情施展表现的艺术手段，挖掘构成形式的艺术美感。艺术审美在广告设计中意味着对美的感知、理解和创造，它涵盖了对色彩、构图、形式、比例等视觉元素的巧妙运用，以及对节奏、韵律、和谐等美学原则的遵循。通过精心挑选和组合这些元素，营造出令人愉悦、引人入胜的视觉效果。艺术审美的特征包括和谐性、平衡感和韵律感。和谐的色彩搭配、平衡的构图布局以及富有韵律的元素排列，共同创造出一种整体的美感，使广告作品具有视觉上的吸引力和感染力。

同时，广告设计的艺术审美要求是原创的和个性化的艺术审美。广告设计的原创个性、陌生化的原创视觉语言会给人耳目一新的感觉，增加人们的注意力和好奇心，抓住人们的视觉，易引起人们的注意和解读，强化吸引力，完成视觉传达过程。原创个性则是广告设计在众多同类作品中脱颖而出的关键，它是设计师独特的思维、创意和表达方式的展现，不受传统模式的束缚，敢于突破常规。原创个性体现在对主题的独特解读、新颖的表现手法以及与众不同的视角。原创个性的特征表现为独特性、创新性和不可复制性。独特的创意概念、创新的设计手法以及无法被轻易模仿的风格，让广告设计具有强烈的辨识度和记忆点。当艺术审美与原创个性相结合时，广告设计不仅能够吸引观众的目光，还能在他们心中留下深刻的印象，传递出独特而有力的品牌信息。这种结合使得广告设计不再是简单的信息传递，而是一种艺术的表达和个性的彰显，能够引发观众的情感共鸣和思考，从而达到更好的传播效果和艺术价值。如图1.12所示。

图1.11　亚历山大·法尔仃*Antidrug*

图1.12　格巴特·施瓦《亚美尼亚共和国绘画展》

图1.13　查斯·美威因·大卫 ***Right***

四、表现手法多样

广告设计的表现手法多样，是指在广告创作过程中，运用丰富多元、灵活多变的方式和技巧来呈现广告信息和传达品牌理念。其概念核心在于打破单一、传统的表现模式，融合多种艺术和技术手段，以适应不同的广告目标、受众需求和传播情境。这包括从传统的平面设计元素（如插画、摄影、字体设计），到现代的数字技术（如动画、视频、虚拟现实），以及结合声音、触觉等多感官体验的创新手段。广告设计风格多样，既有简约明快、注重功能性的现代风格，也有复古怀旧、充满文化底蕴的传统风格；既有幽默风趣、轻松活泼的喜剧风格，也有庄重严肃、富有感染力的史诗风格。广告设计的技术具有综合性，融合了绘画、摄影、印刷、计算机图形处理、多媒体制作等多种技术，借助不同技术的优势来实现最佳的表现效果。广告设计的表现手法多样还具有针对性的特征，根据不同的产品或服务特点，目标受众的年龄、性别、文化背景等因素，选择最能引起共鸣和有效传达信息的表现手法。广告设计的表现手法无限，各种设计插图的手法皆可实现，其展示方式也多种多样、形式各异。因此，广告设计是表现平面设计视觉语言的重要载体。如图1.13所示。

五、概念和内涵指向性强

广告设计中概念和内涵指向性意味着广告所传达的核心思想和意义具有明确、精准且集中的特质。这一概念强调在广告创作过程中，通过精心构思和巧妙策划，使广告的主题、信息和情感表达清晰无误地指向特定的目标受众、产品特点或品牌价值。其特征首先表现为目标明确性。广告设计师在着手创作之前，对广告的预期效果和所要达成的目标有着清晰的认知。无论是提升品牌知名度、促进产品销售，还是改变消费者态度，都有具体而确切的方向。其次是受众针对性。充分研究目标受众的需求、喜好、价值观和行为模式，使广告的内容和形式能够与受众的心理和情感产生直接而紧密的联系，从而有效地吸引和打动他们。再次是信息精准性。广告所传递的信息简洁明了，不产生歧义或模糊性。重点突出产品或服务的关键优势、独特卖点，以及能够满足受众需求的核心价值。最后是内涵具有深刻的指向性。广告不是停留在表面的宣传，而是深入挖掘产品或品牌背后的文化、理念和情感内涵，赋予广告更丰富的层次和更持久的影响力。可见，广告设计概念和内涵指向性，能够确保广告在复杂的市场环境中迅速有效地传达核心信息，实现广告的商业和传播目标。如图1.14所示。

图1.14　卡里·碧波《哈姆雷特》

图1.15　韩雪《你还能维持多久》

第五节　广告设计的作用

一、号召、呼吁与警示

在广告设计中，用视觉形象传达信息，不论公益广告、商业广告，都具有号召、引导作用。其间的经典创意和震撼的表现是用来引导消费者和警示大众的，成为众多设计载体中具有强烈视觉力量的媒介之一，无论在过去、现在和将来，广告设计都将以独特的形式展示在历史舞台上。一是广告设计的号召作用旨在激发人们采取积极的行动，参与特定的活动、购买特定的产品或服务，或者改变某种行为习惯。这种号召作用通常利用富有激情、具有感染力的元素，唤起人们内心的渴望和动力，促使他们付诸行动。二是广告设计的呼吁作用更多地侧重于唤起人们的情感共鸣，关注某个社会问题、群体或现象，引发公众的思考和关心。此类广告往往以触动人心的方式，激发人们的同情心和责任感，促使公众对相关问题予以重视。三是广告设计的警示作用主要是通过呈现可能出现的不良后果、危险情况或者错误行为的严重性，来提醒人们避免此类行为或采取预防措施。这类广告通常采用直观、震撼甚至令人恐惧的表现手法，让人们对潜在的危险有清晰的认识，从而改变不良行为或提高防范意识。如图1.15、图1.16所示。

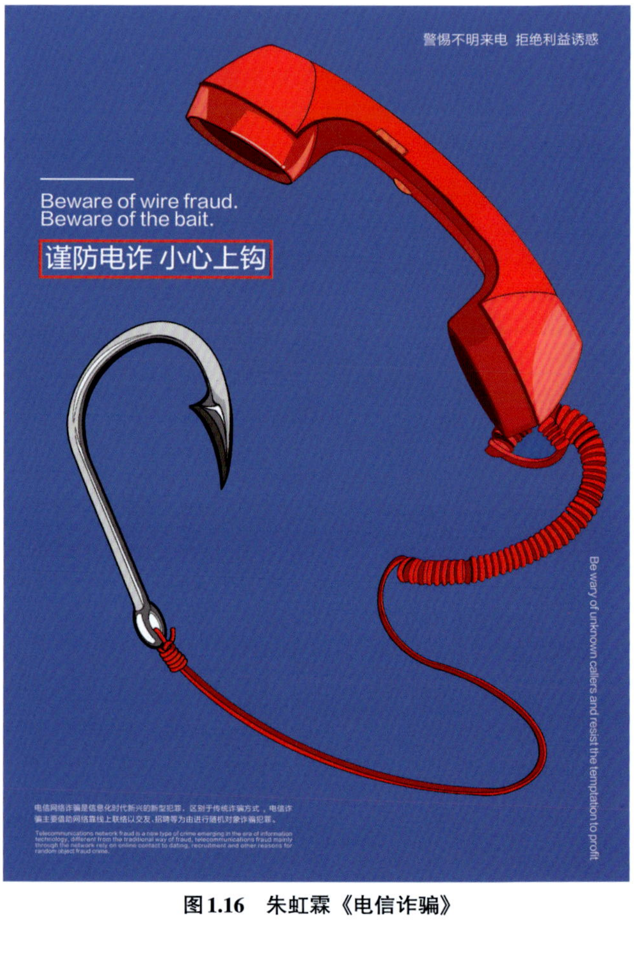

图1.16　朱虹霖《电信诈骗》

第二章　广告设计的视觉要素

【章节介绍】

1. 介绍广告设计具象要素。
2. 介绍广告设计的抽象要素。

【学习目标】

1. 能够了解和掌握广告设计的插图、色彩和文字的基本要素及其关系。
2. 通过本章的学习，能够了解和掌握广告设计的创意、形式和艺术表现的内涵。

第一节　广告设计的具象要素

一、广告设计中的设计插图要素

1. 绘画类插图在广告设计中的应用

广告设计中绘画类插图具有高度的创造性和表现力。它不受现实的严格束缚，能够凭借画家的想象力和创造力，塑造出各种奇幻、抽象或理想化的形象与场景。无论是充满童趣的卡通风格、细腻逼真的写实风格，还是富有装饰性的图案风格，都能根据广告的需求和主题灵活定制。不同的绘画表现语言适用于不同的广告设计主题内涵，早期广告设计大多是画家完成的，如法国早期绘画与设计结合的大师朱尔斯·谢雷特、劳特雷克等笔下都生成过广告作品；广告设计中的绘画类插图具有帅气、洒脱的艺术特点。无论是细腻的水彩画、粗犷的油画，还是简洁的素描、灵动的漫画，每一种绘画风格都能为广告带来截然不同的情感氛围和视觉效果，以其手工绘制的特质，赋予了广告作品一种温暖而人性的触感。如图2.1所示。

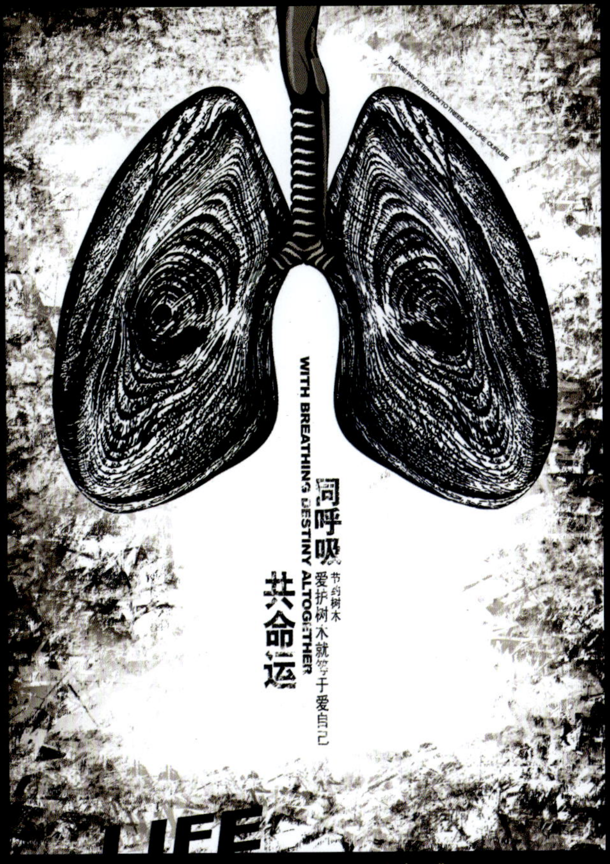

2. 摄影类插图在广告设计中的应用

广告设计中的摄影语言表现画面元素具有直观的视觉感受。摄影语言说服力强、贴近现实、客观地反映生活，可以是单独的摄影表现，可以是摄影蒙太奇表现，也可以是创意摄影表现，还可以是摄影与绘画、图形相结合的表现形式，具有多样化特征。摄影类插图以其真实性和直观性为广告带来强烈的视觉冲击和说服力。通过镜头捕捉瞬间，它能够精准地呈现出产品的细节、质感和形态，让消费者对产品有清晰而准确的认知。从商业广告的角度来看，高质量的产品摄影插图可以突出商品的优势和特色。在时尚广告中，摄影类插图能够捕捉模特穿着服装的动态美，展现服装的材质、剪裁和搭配效果，引领时尚潮流，激发消费者的购买欲望。广告设计的摄影插图可以将产品的色泽、纹理和新鲜度完美呈现，从而吸引消费者尝试，还可以通过后期处理和创意构图，营造出独特的氛围和风格。如图2.2所示。

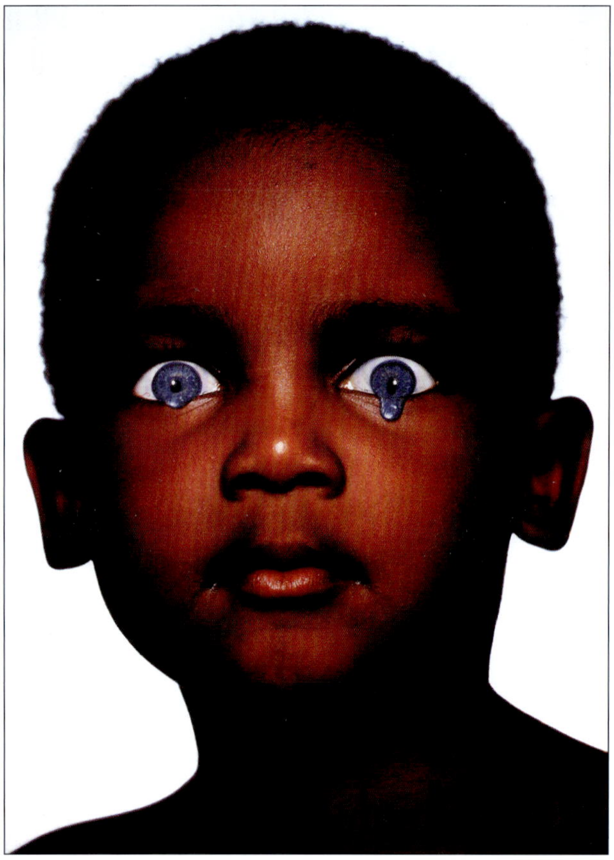

图2.2　户田正寿《关爱儿童》

3. 图形类插图在广告设计中的应用

广告设计中图形类插图以其简洁明了、直观易懂的特点，能够迅速抓住观众的注意力。它通过对形状、线条、颜色等元素的精心组合和设计，将复杂的信息进行高度概括和提炼。广告设计中图形类插图给人以现代、简洁的视觉感受。画面经过简化、概括、抽象、平面的语言把原本繁杂的事物凝练和整合，抓住事物主体形象特征，舍去次要的形象和部分，强化主体来表现主题，适合现在信息时代繁杂事物的信息传达。图形类插图在传达信息方面高效精准，它能够以简洁的形式突出主题和关键信息，避免过多的细节干扰，使观众能够快速理解广告的核心内容。图形类插图凭借其简洁性、冲击力、精准传达和广泛适应性，成为广告设计中不可或缺的重要组成部分。德国著名视觉设计大师霍尔戈·马蒂斯（Holger Matthies）曾经这样说：“一幅好的招贴，应该是靠图形语言说话而不是靠文字注解”。如图2.3所示。

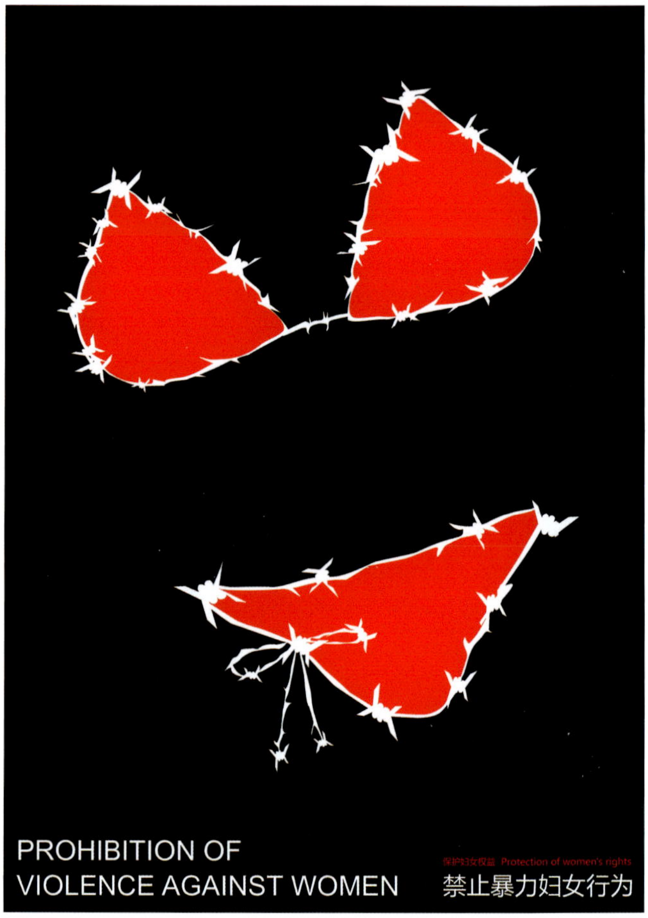

图2.3　霍楷《禁止暴力妇女行为》

二、广告设计的色彩要素

1. 广告设计与色彩明度

色彩明度是指色彩的明暗程度，也就是色彩的深浅变化。从最亮的白色到最暗的黑色之间，存在着丰富的明度层次。在广告设计中，高明度的色彩通常传达出轻松、欢快、积极向上的情感；而低明度的色彩则可能营造出沉稳、庄重、神秘甚至压抑的氛围。广告需要根据目标受众和所要传达的信息来选择合适的明度色彩，以引发观众相应的情感反应。合理运用色彩明度的对比，可以增强广告的视觉层次感和立体感。通过将高明度与低明度的色彩巧妙搭配，能够突出重点元素，吸引观众的视线，使广告的信息传达更加有效。通过将高明度和低明度的色彩强烈对比，突出关键元素；利用不同明度的色彩来区分前景、中景和背景，增强广告的空间感和立体感；对于明亮、清新的产品，适合选择高明度的色彩；而对于厚重、质感强的产品，低明度色彩可能更合适。然而，即使使用多种色彩明度，也要确保它们相互协调，形成整体的视觉效果，避免造成视觉混乱。如图2.4所示。

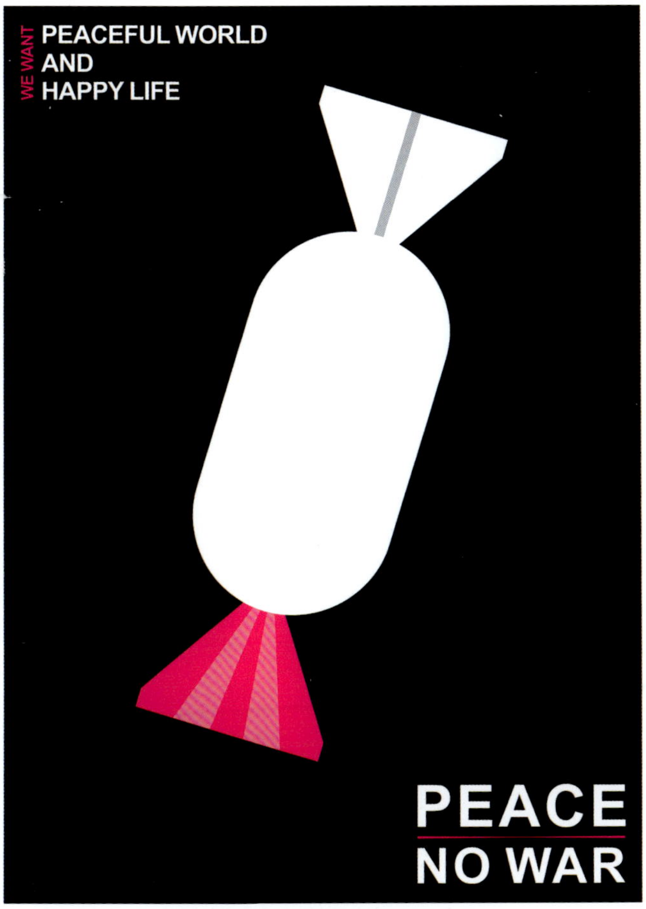

图2.4　霍楷《要和平 不要战争》

2. 广告设计与色彩色相

在广告设计中，色彩色相是一门极具影响力的艺术与科学相结合的应用。色彩色相，即色彩的种类，如红、橙、黄、绿、青、蓝、紫等，以及它们之间的各种变化和组合。每一种色相都带有独特的视觉特性和情感联想，为广告设计提供了丰富的表现手段。广告设计中色彩的色相包括无彩色（主要指黑白）和彩色两部分。

（1）广告设计中的黑白色相

在广告设计的色彩世界里，黑与白这两种经典色调具有独特而强大的表现力。白色，一般设计中只是白色纸张背景色或是不附着表现的地方，即人们经常说的留白。白色纯净而简洁，代表着纯洁、清新、简约和和平，它给人以明亮、开阔的感觉，能够传递出简洁、高效的信息。白色是作品面积比中不可忽视的一部分，这个面积比，正是整体作品和谐统一的比重，适当强化白色的面积，或摆正白色的空间，有助于整体色彩的传达。在以简洁风格为主的广告设计中，白色更是常用的底色，使其他元素更加突出和清晰。黑色深邃而神秘，常常象征着力量、权威、高雅和庄重。它具有强烈的视觉吸引力，能够营造出一种沉稳、严肃的氛围。黑色给人以空洞无物、抽象深邃的感觉，在黑色的空间中，往往凝聚、含蓄、混杂、包容着物象的存在，较之白色的膨胀感，黑色则具有凝聚感和收缩感，给人以沉着、冷静、力度、稳重的感觉，黑色没有色彩信息，却又包含着色彩万千的神秘和表现的力量。黑与白的组合，形成了鲜明的对比，这种对比带来了强烈的视觉冲击和清晰的视觉层次。它们可以简洁明了地传达核心信息，突出重点，使广告更具吸引力和可读性。在极简主义风格的广告中，黑与白的运用能够剔除繁杂，以最纯粹的形式展现产品或服务的本质。如图2.5所示。

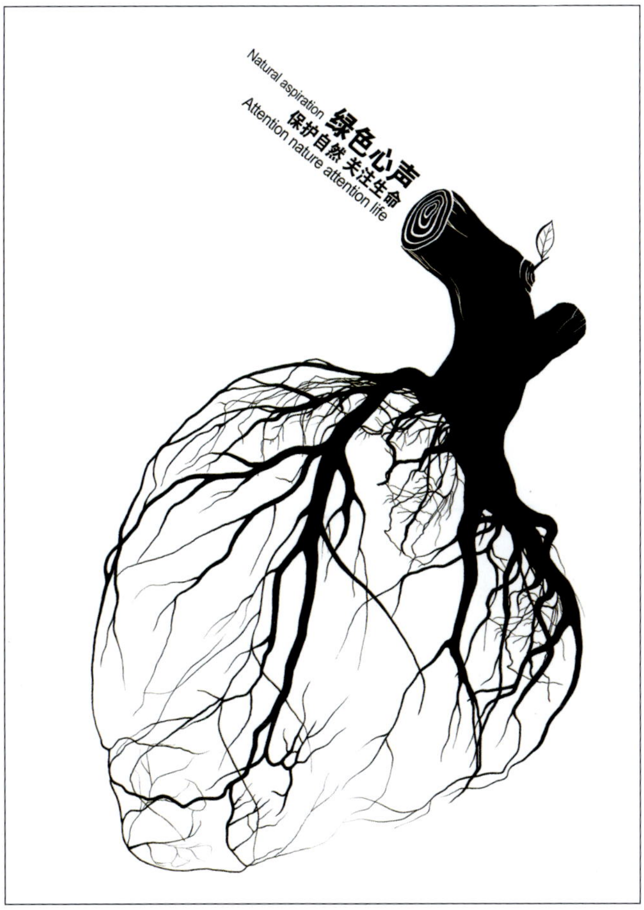

图2.5　韩雪《绿色心声》

（2）广告设计中的彩色色相

广告设计中的彩色用色，是指在有色系中，颜色色相多种变化及对比的广告用色。一般来说，多种色彩在设计中的对比使用会产生绚丽的色彩感，渲染画面效果好，吸引受众；但对比较多不容易把握其之间的关系，对比不好则容易产生混乱的视觉效果。因此，要根据主题需要量体裁衣，注重色彩的对比与协调关系表现，慎用颜色，宁少勿多，精益求精。彩色能够瞬间吸引观众的注意力，激发情感共鸣。其中，暖色色相传递出热情、活力、兴奋和温暖的感觉；冷色色相则给人以理性、科技、信任、宁静、自然、健康、奢华、神秘之感。彩色在广告设计中是强大的工具，通过巧妙选择和搭配，可以准确传达品牌个性、产品特点和广告主题，引发观众的兴趣和欲望，从而达到有效的宣传和推广目的。多彩色能够极大地增强视觉吸引力，丰富鲜艳的色彩组合更容易从众多单调的设计中脱颖而出，迅速抓住观众的目光。多种色彩的交织和碰撞创造出强烈的视觉冲击，使广告在瞬间引起人们的注意，增加了广告被关注和记忆的可能性。广告设计的色相在不同目标受众和市场细分方面具有特殊性，针对儿童的广告可以采用充满童趣和活力的多彩色；针对成年人的广告则可以根据产品或服务的特点选择更为成熟和稳重的多彩色组合。另外，多彩色适应不同的广告主题和内容，无论是庆祝活动的欢乐氛围、科技产品的创新感，还是环保倡议的自然和谐，都可以通过恰如其分的多彩色运用得到生动而有力的表达。如图2.6所示。

图2.6 霍楷《基石》

3. 广告设计与色彩纯度

色彩纯度又称色彩饱和度，指色彩的鲜艳程度。在广告设计中，色彩纯度的选择和运用具有重要意义。高纯度色彩的广告设计作品鲜艳、浓烈、充满活力，具有强烈的视觉冲击力，能够迅速吸引观众的注意力；低纯度的色彩则显得柔和、淡雅、朴素，给人一种沉稳、宁静的感觉。在广告设计的缤纷世界里，色彩纯度的巧妙应用为作品赋予了独特的魅力和强大的表现力。高纯度的广告设计追求强烈的视觉冲击和瞬间的注意力，给受众留下深刻的印象；低纯度的色彩营造温馨、宁静的氛围。通过纯度的对比，广告设计能够清晰地划分主次信息。高纯度的色彩突出了产品的核心元素，而低纯度的色彩则作为背景，巧妙地衬托出主体的重要性。色彩纯度的应用与目标受众的心理及文化背景相关，对于儿童产品的广告，高纯度、鲜艳活泼的色彩能够迎合孩子们天真无邪的心灵；而对于成熟稳重的商务人士，低纯度、内敛优雅的色彩更能体现他们的品位和格调。在广告设计中，色彩纯度的精准应用对主题表现、形象刻画和情感塑造尤为重要，它能够引导观众的情感，突出品牌的个性，传递清晰的信息，使广告设计在众多竞争中脱颖而出。如图2.7所示。

图2.7 霍楷《污染》

4. 广告设计与色彩象征

在广告设计中，色彩象征是一种强大且直观的沟通工具，每种色彩都承载着特定的情感、文化和心理联想，从而在广告设计中传递出丰富而多层次的信息。广告设计中的色彩结合创意的表达，具有丰富的象征意义，能够对消费者的心理和情感产生深远影响。广告设计中的色彩象征在各个国家、地域，民族、宗教，时代等表现各异，近代革命战争中，红色象征着革命和热情，而在封建王朝，红色则象征着富贵吉祥；黑色与白色则象征死亡，表示庄重肃穆以及对死者的哀悼，而在美洲部落，黑色则体现反省的意义，白色象征着冬天、纯洁与新生。整体来看，红色通常代表着激情、活力、爱与紧急。它能瞬间吸引目光，激发强烈的情感反应，常用于促销、节日或需要强调热情的广告中。橙色融合了红色的活力与黄色的欢快，象征着积极向上、创新和乐观。适用于展现年轻、有活力的品牌形象或吸引追求新鲜感的消费者。黄色象征着光明、快乐、希望和智慧。它传递出积极和充满活力的氛围，常被用于吸引注意力或表达轻松愉悦的主题。绿色与自然、健康和生机紧密相连，象征着环保、可持续发展和清新。在涉及健康产品、有机食品或环保倡议的广告中频繁出现。蓝色代表着信任、专业、冷静和稳定，是金融、科技、医疗等行业广告中常用的色彩，以建立可靠和权威的形象。紫色象征着奢华、神秘和浪漫，常用于高端美容、时尚或特殊活动的广告，营造出独特而迷人的氛围。色彩的象征在广告设计中以独特的方式与观众对话，引发情感共鸣，传递品牌价值。如图2.8所示。

图2.8　霍楷《文明传承》

图2.9　雷克狮《地狱高速》

5. 广告设计与色彩心理

在广告设计中，色彩心理是一门极具影响力的学问。色彩不仅仅是视觉上的元素，更是能够直接触达人们内心深处、引发各种情感和心理反应的强大工具。广告设计中色彩有各种各样的感情，可以根据设计师的主观需要，抽象表现主题画面；也可以根据客观元素着色；还可以单一表现色彩感受等。设计师的喜好，色彩中的联想与想象，地域、民族、宗教、种族等之间的色彩认知存在很大差异，不同的主题有不同的色彩表现，根据具体情况而定。不同的色彩具有独特的心理暗示和情感联想，红色能唤起激情与兴奋，蓝色带来宁静与信任，黄色散发活力与乐观等。广告设计师巧妙地利用这些色彩的心理效应，来影响消费者的感知、情绪和行为。广告设计中的色彩心理具有极其重要的应用价值和作用。首先，色彩心理能够迅速吸引受众的注意力。人们的视线往往会被色彩鲜明、独特的广告所吸引。其次，它有助于塑造品牌形象和个性。每种颜色都传递着特定的情感和特质，品牌可以通过选择与其价值观和定位相符的色彩来建立独特的形象。再次，色彩心理能够影响消费者的情绪和情感。广告中的色彩运用能够唤起消费者相应的情感反应，从而增强他们对产品或服务的兴趣和好感。最后，色彩心理有助于提升广告的记忆度。独特而恰当的色彩搭配能够在消费者的脑海中留下深刻的印象，使他们更容易记住广告内容和品牌。如图2.9所示。

三、广告设计的文字要素

1. 字体设计

在广告设计中，字体设计是一个关键且富有表现力的元素。字体不仅仅是传递信息的工具，更是一种视觉语言，能够为广告营造特定的氛围、传达情感和强化品牌形象。广告设计中的文字起到点题、说明、补充等重要作用，是色彩和图形不可替代的。字形设计是指字体本身的形体、形态的造型设计，起到点睛、强化主题内涵的作用。例如，从中文字和拉丁字的字形能看出，有各种字体适合不同内涵的广告设计，如罗马体、宋体带有装饰角，具有柔和装饰效果，适合表现古典、装饰、传统文化等内涵；而黑尔维卡体、黑体则无装饰角，具有粗犷、严肃、对比强烈的视觉效果，适合用于现代、庄重的场合。不同的字体风格具有独特的个性和特点。印刷体呈现正式、严肃、传统的感觉，适用于强调品质和经典的广告；而手写体则显得亲切、自然和富有个性，常用于营造温馨氛围。字体的大小、粗细和间距也会对广告的效果产生影响。较大的字体能够突出重点信息，吸引观众的注意力；较粗的字体显得更有力量和权威性；合适的间距则能使文字易于阅读和理解。字体的变形、装饰和特效，更为主观，富于创新，增强视觉冲击力和独特性。如图2.10所示。

图 2.10　魏歆彤《罕见病》系列

2. 文字编排

文字编排是指文字字形的组合设计。在广告设计中，文字的组合应注意文字对比和协调关系。不同主题配合不同字体组合编排，使之具有补充、说明、强化、点缀的作用。在广告设计中，文字编排是一门精心构建视觉秩序和引导信息传达的艺术，首先要考虑的是层级分明，通过对字体大小、粗细、颜色的巧妙运用，明确区分标题、副标题和正文等不同层级的信息，使观众能够快速捕捉到重点内容。字体的风格应选择与广告的整体风格和主题相契合，如果是一个复古风格的广告，可能会选用具有古典韵味的字体；而对于现代、科技感强的广告，简洁、富有未来感的字体则更为合适。字距和行距的调整也是关键，适当的字距可以避免文字显得拥挤或松散，保证阅读的流畅性；合理的行距则能增加文字块的透气性，使视觉上更加舒适。字体的排列方向也有多种选择，水平、垂直、倾斜或曲线排列等，不同的排列方式能够营造出独特的视觉效果和动态感。在多语言的广告设计中，还需要注意不同字体之间的协调性，确保它们在视觉上相互融合，不产生冲突。文字编排主要包含以下几种形式。

（1）左对齐

左对齐是多行文字在水平或倾斜编排时，左面对齐对位关系，文字产生左面规范，右面顿挫、参差对齐的视觉效果，使之具有左定点的线段向右延伸感。左对齐编排是将每行文字的左侧边缘整齐排列，形成一条垂直的直线。这种编排方式符合人们从左至右的阅读习惯，使文字的阅读顺序自然流畅，易于理解。

文字左对齐编排能够营造出一种秩序感和规整性。它给人简洁、清晰的视觉印象，让广告信息看起来条理分明，有助于提高信息传达的效率。在视觉上，左对齐编排使文字块看起来更加整齐、稳定，与页面或画面的其他元素能够更好地融合和协调。对于包含大量文字内容的广告，左对齐可以避免文字显得杂乱无章，增强整体的美观度。左对齐编排也为设计师在页面布局上提供了一定的灵活性，右侧参差不齐的边缘可以创造出一种自然的节奏和变化，同时又不会影响阅读的连贯性。如图 2.11 所示。

图 2.11　霍楷《抵御艾滋 消灭病毒》

（2）右对齐

右对齐是多行文字在水平或倾斜编排时，右面对齐对位关系，文字产生右面规范，左面顿挫、参差对齐的视觉效果，这种编排形式具有右定点的线段向左延伸感。右对齐使每行文字的右侧边缘形成一条笔直的线，这种编排方式打破了常规的从左至右的阅读习惯，给人一种别样的视觉感受。它能够营造出一种独特的不平衡感和动态感，吸引观众的注意力。这种不平衡在设计中有时会产生一种视觉张力，使文字部分显得更加突出和引人注目。右对齐编排常被用于营造精致、优雅的氛围，给广告增添一份独特的魅力。它传递出一种与众不同、非传统的感觉，适合用于一些追求创新和个性的广告设计。右对齐编排也存在一些挑战。由于阅读习惯的影响，可能会在一定程度上增加阅读的难度，特别是对于较长的文本段落。所以在使用时，通常更适合简短而关键的信息，或者与其他排版方式相结合，以达到平衡和协调的效果。如图2.12所示。

图2.12　齐思远《正定古城》

图2.13　张嗣强《关爱》

（3）上对齐

上对齐是多行文字在垂直编排时，上面对齐对位关系，文字产生上面规范，下面顿挫、参差对齐的视觉效果，这种编排形式具有上定点的线段向下延伸感。文字上对齐是每行文字的上方边缘保持整齐一致，形成一条水平的直线。这种编排方式能够营造出规整、整齐的视觉感受，给人以严谨、专业的印象。它可以有效地节省版面空间，尤其在竖向布局的广告中，使文字能够紧凑地排列，充分利用有限的空间来传达信息。上对齐编排有助于突出文字的竖向线条感，增强广告的整体节奏感和韵律感。这种竖向的视觉引导能够引导观众的目光自上而下地流动，使信息的传递更具顺序性和逻辑性。不过，文字上对齐编排也可能在一定程度上限制了设计的灵活性和创意发挥，并且对于较长的文本段落，可能会使行与行之间的长度差异较大，影响整体的美观度。如图2.13所示。

（4）下对齐

下对齐是多行文字在垂直编排时，下面对齐对位关系，文字产生下面规范，上面顿挫、参差对齐的视觉效果，这种编排形式具有下定点的线段向上延伸感。文字下对齐意味着每行文字的下方边缘整齐排列，形成一条水平的直线。这种编排方式能够营造出稳定、扎实的视觉感受，给人一种可靠和沉稳的印象。它在视觉上呈现出一种独特的平衡感，与其他元素组合时，能够创造出富有层次感和秩序感的布局。尤其在与图形或图片搭配时，可以更好地与它们的底部边缘相融合，形成统一而和谐的整体效果。下对齐编排对于一些需要强调底部视觉重心的广告设计较为适用，能够将观众的注意力引导至文字的底部，突出关键信息或重要的结束语。如图2.14所示。

图2.14　张健《飘飘荡荡》

（5）中心对称

中心对称是多行文字在排列时围绕中轴线对称的方式左右或上下排列使用，这种编排较为规范，多用于正式、严肃的场合。文字中心对称编排以画面或版面的中轴线为基准，使文字在轴线两侧呈现对称分布。这种编排方式营造出一种极度的秩序感、和谐感与稳定感，给人以庄重、正式、大气的视觉印象。它能够有效地吸引观众的注意力，因为对称的结构在视觉上具有很强的吸引力和凝聚力。观众的目光会自然地聚焦在对称轴上，从而突出了位于对称轴附近的重要文字信息。中轴对称编排能够强化广告的主题和核心内容，通过对称的形式赋予文字更高的权重和强调效果。同时，它也展现了一种严谨和精确的设计态度，传递出品牌或产品的高品质和专业性。文字中轴对称编排是广告设计中较为常见且能够营造强烈视觉效果、突出重点并展现品牌形象的重要排版手段。如图2.15所示。

（6）放射编排

放射编排是广告设计中多行文字排列时，以一个视觉中心定位点或原点向多个方向发散排列或四周扩散排列。文字放射编排以一个中心点为基础，文字沿着从中心向外辐射的方向进行排列。这种编排方式能够营造出强烈的视觉焦点，吸引观众的目光并引导其视线沿着放射的轨迹移动。放射编排具有很强的冲击力和活力感，能够传递出扩张、爆发、传播等富有动态的信息。常用于表现具有强大影响力、广泛传

图2.15　杨怡婷《禾映农芳》

播力或者充满激情的主题。放射编排可以有效地增强广告的空间感和层次感，使文字在平面上呈现出三维的效果，让广告画面更加丰富和立体。同时，这种编排方式也能够创造出一种独特的节奏感，文字的疏密和大小随着放射距离的变化而变化，给人带来一种韵律之美。这种排列方式增强了方向对比关系和空间对比关系，适当强化文字的行距和大小的处理，会达到强烈的视觉动感。如图2.16所示。

（7）综合对位

综合对位是广告设计中的文字综合对位编排，并非局限于单一的对齐规则，而是将左对齐、右对齐、居中对齐、上对齐、下对齐等多种方式灵活组合运用。通过这种综合性的处理，使文字在页面或画面中形成一种富有变化和韵律的布局。它充分考虑了文字与图像、图形等其他元素之间的关系，以达到整体的协调与平衡。多行文字在排列时，以一种排列方式为主、其他排列方式为辅综合使用，使画面产生稳中求变的视觉效果。这种文字的编排使用，主观上强化文字的大小、疏密、层次、空间或方向关系，会产生既和谐又跳跃的抑扬顿挫的视觉效果。在广告设计领域，文字综合对位编排是一种融合多种排版的原则和技巧，以实现丰富视觉效果和有效信息传达的编排方式。这种编排方式能够适应复杂的广告内容和多样的设计风格需求。它可以在一个版面中同时突出重点信息和次要信息，通过不同的对位方式赋予它们各自合适的视觉权重。综合对位编排还能够营造出层次丰富、节奏感强的视觉效果，避免了单一排版方式可能带来的单调感。它使广告设计更具创意和个性，吸引观众的注意力并引导他们逐步深入地了解广告所传达的信息。如图2.17所示。

图2.16　白同异*Chai-llot*

图2.17　霍楷《两座斜塔》

(8) 散点编排

在广告设计中，文字散点编排是一种打破常规、极具创意和自由性的排版方式。文字散点编排不遵循固定的对齐规则或线性排列，而是将文字元素随机地分布在画面空间中。这种编排方式营造出一种活泼、灵动和充满惊喜的视觉效果。它能够有效地打破呆板和拘谨的布局，给人一种轻松、随意的感觉。散点分布的文字仿佛是自由跳跃的音符，为广告增添了一份生动和趣味。文字散点编排可以更好地适应不规则的画面形状或独特的构图需求，与图形、图像等元素形成有机的融合和互动。每个文字的位置和大小都可以根据设计的整体节奏和重点进行灵活调整，从而突出关键信息或创造独特的视觉焦点。文字在编排使用时，根据不同的点或线自然排列，这种自然排列既有随意性和洒脱性，又注重点语言和线语言的个性化出现和整体的和谐性，形成个性的散点式排列的视觉效果。这种排列关系是感性与合理性的高度结合，是放松与收缩的高度结合。如图2.18所示。

图2.18　孙玥《吸噬生命》

第二节　广告设计的抽象要素

一、广告设计的创意

1. 创意内涵

广告设计的创意解决的是“是什么”的问题，是一种灵感，是智慧积累在瞬间所释放出来的思维果实，是从事每一项设计的必要积极构想，是告知别人要传达什么信息，而不需要别人来解释。正如德国设计师雷克狮·德莱文斯基所说：一张好的海报不需要任何人来为它说话。显然它常常得为别人说话。创意应新颖独特，优秀的创意应该在看它的第一眼就吸引观者的注意力。广告设计的创意内涵是指在广告创作过程中所蕴含的独特、新颖且具有深度的思想和理念。它不仅是表面上的新奇和独特，更是对产品或服务的深刻理解，对目标受众需求和心理的精准把握，以及对传播环境和文化背景的敏锐洞察的综合体现。创意内涵是广告的灵魂所在，它赋予广告生命和个性。通过巧妙的构思和创新的表达方式，将产品的特点、优势转化为引人入胜的故事、形象或体验，从而引发观众的情感共鸣和兴趣。一个具有丰富创意内涵的广告，能够突破常规的思维模式，以意想不到的视角展现产品或服务，使观众在感到惊喜和愉悦的同时，自然而然地接受并记住所传达的信息。创意内涵还体现在对社会、文化、人性等方面的深入思考和巧妙融入。它可以借助流行文化元素、社会热点话题或人类共通的情感价值，使之与观众建立更紧密的联系，增强广告的影响力和感染力。此外，创意内涵也不断推动着广告设计的发展和进步，促使设计师不断探索新的表现形式、技术手段和传播渠道，以满足消费者日益变化的需求和期望。如图2.19所示。

图2.19　高翯《男女比例问题》

2. 创意来源

（1）案例库与创意库积累

案例库与创意库是设计师的设计资源库，丰富的创意库有助于设计师的设计想法招之即来，促进设计水平的提高。通过对成功设计师的广告作品深入学习和收集，按照风格、表现手法、主题等分类整理，可以逐渐积累自己的广告设计案例库。设计师通过对社会、生活、事件、现象的感受和认知，用草图的形式勾勒灵感，创意就产生了。长期积累创意库，有利于开拓设计师的设计思维，加深其创意理解。案例库和创意库主要包括以下方面的积累：一是日常收集。养成在日常生活中留意各类广告设计的习惯，无论是线上的网页广告、社交媒体广告，还是线下的海报、宣传单页等。利用手机或电脑随时保存有价值的广告图片、视频或相关资料。二是专业网站和平台收集。订阅知名的广告设计网站、论坛，定期浏览并下载优秀的案例和设计素材。关注行业内的社交媒体群主或专业账号，获取最新的设计资源分享。三是参加设计活动和展览。积极参与各类广告设计展览、讲座和研讨会，收集现场发放的资料和宣传品。与其他设计师交流，互换或分享有价值的设计资源。四是购买专业书籍和杂志。购买广告设计相关的书籍和杂志，从中获取经典和前沿的案例及设计作品。五是自己创作和整理创意草图。将自己完成的广告设计创意进行分类整理，对收集到的素材进行分析和总结，提取关键元素和设计思路，整理纳入创意库。如图2.20所示。

图2.20　李小晴《廉以修身　可正根基》《腐化堕落　必陷深潭》系列

（2）广告语的收集与整理

广告语具有呼吁、号召的口号性作用，是广告设计的灵魂。优秀广告设计中的广告语，往往兼具装饰、点缀、提示、整合、画龙点睛等作用。其中包含大量视觉信息与创意内涵，对设计具有一定的启迪和诱发作用。收集优秀的商品宣传广告语、公益广告口号等将有利于更加准确把握招贴创意方向。优秀的广告语朗朗上口，呼吁、引导人们快速解读广告设计的内涵，如公益广告语“贪污一根针、刺痛百姓心”，非常深刻、简练、易记的词语，引起人们对廉政问题的深思。广告语对于广告设计创意积累的作用如下：一是语言启发。优秀的广告语往往具有独特的表达方式和巧妙的文字组合，能够激发设计师在文字运用和创意构思方面的灵感，帮助开拓新的思维路径。二是洞察消费者心理。成功的广告语通常精准地抓住了目标消费者的需求、渴望和痛点，通过收集和分析这些广告语，设计师可以更深入地理解消费者心理，从而在设计中更好地满足他们的情感和认知需求。三是把握品牌定位。广告语是品牌定位和价值观的精练表达。收集不同品牌的广告语有助于设计师了解品牌如何通过简洁有力的语言来塑造独特形象，为广告设计中的品牌传达提供参考。四是学习创意策略。广告语的背后蕴含着丰富的创意策略，比如幽默、情感诉求、理性说服等。研究这些策略可以丰富设计师的创意手法，使其在视觉设计中能够更好地与文字配合，达到更出色的传播效果。五是丰富创意元素。某些广告语中包含独特的词汇、比喻、象征等元素，这些元素可以转化为视觉设计中的图形、色彩或符号，为广告设计增添更多的创意可能性。

（3）“自然设计”的探索

德国设计师雷克狮·德莱文斯基曾说：“我的所有灵感来自生活经历。生活注视着我，我也注视着生活。”大自然广阔无垠、自然中妙趣横生，在创意形成的过程中，探索自然、关注自然对于发现新事物、产生新创意非常有效。在“自然设计”的创作过程中，采用速写、摄影记录的方式，在自然中描绘、记录一些石头、树叶、木材、天空、水、道路及生活中经常接触的一些事物和生活用品，快速将其特征表现出来，并通过直接表现、联想、想象、象征、对比、换置等手法快速表现创意。自然界中形态与结构带给广告设计创意灵感，自然界中的生物和物体具有各种独特而精妙的形态和结构，可以为广告设计中的图形、布局和构图提供丰富的创意灵感，创造出吸引人且具有美感的设计形式。自然界中色彩搭配带给广告设计创意启示，大自然拥有绚丽多彩且和谐的色彩组合，从四季的变化到不同生物的色彩特征，这些自然的色彩搭配可以引导设计师运用色彩来营造氛围、表达情感和吸引注意力，使广告设计的色彩方案更具吸引力和感染力。自然界中故事与象征的挖掘带给广告设计创意启发，自然界中的元素往往承载着丰富的故事和象征意义，运用这些自然元素及其象征意义，可以更深刻地传达广告设计创意的信息和情感，引发观众的共鸣。自然界中可持续发展的理念倡导为广告设计创意提供思路。“自然设计”强调人与自然的和谐共生，这启发设计师在广告创作中注重环保、可持续发展的设计理念。采用环保设计方法，通过广告宣传推广可持续发展的产品和生活方式。这是一个探索美、发现美、欣赏美、追求美、创造美和分享美的过程。如图2.21所示。

图2.21　王亚非《透明海洋》

3. 创意元素

（1）单一元素表现的创意

采用一种元素直接表现作品主题的创意，直观、简练、震撼、视觉冲击力强，易于识别和解读，但有时在表现复杂、婉转或丰富的视觉效果时易显单调。单一元素的广告设计创意具有如下特点：一是简洁直观。以一种简单明了的方式呈现信息，避免了复杂元素的干扰，使观众能够迅速理解核心内容。二是强烈的视觉冲击。由于只有一个主要的造型元素，其视觉焦点突出，能够在瞬间吸引观众的注意力。三是易于记忆。简洁的单一造型更容易被大脑记住，增强了广告在观众心中的留存度。四是象征意义明确。单一造型往往能够更集中地传达一种特定的象征意义或情感，避免了多元素可能导致的含义模糊。五是高度聚焦。引导观众将注意力完全集中在这一造型所代表的产品特点、品牌形象或广告主题上。单一元素的广告设计创意达到的艺术效果也比较明显，能够提高信息传达效率，快速而有效地将关键信息传递给观众，减少了信息解读的时间和误差；增强品牌识别度，独特的单一造型如果与品牌紧密结合，能够显著提升品牌在市场中的辨识度；引发情感共鸣，当单一造型精准地触达观众的内心需求或情感，容易引发强烈的共鸣。总体来看，单一造型组成的创意在广告设计中以其简洁、有力的特点，能够实现高效的信息传达和显著的品牌推广效果。如图2.22所示。

图2.22　杨韫嘉《命垂一线》

（2）两种元素表现的创意

视觉语言通过比喻、象征、拟人、夸张、对比等修饰手法和图形元素的分离对比、并置、重叠等表现的构成关系组合在一起形成创意，较为巧妙、精练，只要选用的视觉元素较为合理与准确，能够反映主题，再加之适当的构成形式与合理的表现方法处理图形、色彩和文字之间的关系即可，两种视觉语言表现的创意直接表现主题，具有委婉、巧妙与相对简洁的特点。两种元素表现的广告设计创意特点鲜明：一是两种元素通常表现为一种图形元素为表意内涵，另一种图形元素深刻揭露创意的本质，两种元素的组合往往能够传达更复杂和多元的寓意，比单一造型提供了更多的解读可能性。二是两种元素基于和谐关系上，对比与协调效果较好，两个造型元素之间可能形成鲜明的对比，如形状、大小、颜色或质地的差异，从而产生强烈的视觉张力，同时也可能相互协调，营造出和谐统一的整体效果，展现出相互作用、呼应或关联的对比与整合关系，更具艺术感。三是在形式语言上，能够形成较好的层次与主次关系，通过设计使其中一种元素成为主要焦点，另一种元素作为辅助或背景，从而构建出清晰的层次结构；另外在平衡与对称的设计形式上，精心安排两个元素的位置和比例，能够实现视觉上的平衡或对称，给人以稳定和舒适的感觉。两种元素表现的创意，主要集中在创意、形式和构图的关系上，巧妙的组合和表现，实现更具吸引力和表现力的视觉效果，能够更深入地传达产品特点、品牌理念或广告主题。如图2.23所示。

图2.23　霍楷《我们的保护伞支离破碎》

（3）多种元素表现的创意

广告创意中包含的主题信息较为丰富繁杂或表现的设计感需要活跃多样化时，可采用多种视觉元素表现创意，然而视觉元素表现创意并非多多益善，而是在繁杂的事物中求统一，求和谐，来表现烦琐多样化的主题和形式。多种视觉元素表现的创意，较单一元素和两种元素表现的创意，具有丰富性和多样性。创意中包含了多样的形状、颜色、纹理和形式，通过同构、整合等艺术手法创造出丰富而复杂的视觉景观。在故事叙述性方面，由于视觉元素丰富，多个内容能够共同构建一个完整的故事或场景，使广告更具叙事性和情节感。画面层次分明，通过元素的排列、大小和重要性的区分，形成清晰的层次结构，引导观众的视线和注意力。通过画面的综合处理，呈现多元融合的艺术效果，不同风格的造型元素相互结合，展现出多样化和创新性的设计风格。丰富的元素组合能够在瞬间吸引观众的注意力，留下深刻的第一印象，形成较强的视觉冲击力；同时呈现多个产品特点、品牌价值或广告主题的不同方面，提供更全面的信息；通过蒙太奇或同构等艺术手法表现，精心构建的多元的、融合的故事场景能够触动观众的多种情感需求；按照主题的复杂程度，多个元素表现的创意能够展示品牌的多面性和复杂性，塑造一个丰满、立体的广告设计形象。可见，多个造型元素组成的创意在广告设计中能够通过丰富的视觉表现完成全面的信息传达。如图2.24所示。

图2.24 邰易萱《东北大学建校95周年》

4. 创意思维

（1）造型语言的推导

形象的造型语言多种多样，不同的形状给人们不同的视觉感受。思维扩张过程中，形状相似、相同或相悖会带来大量的创意，例如以苹果、地球等为创意元素，会推导出形象相似、相同或相悖的无限创意，这样的形象推导下去，"子子孙孙无穷匮也"。在广告设计的创意思维中，造型语言的推导是一个富有逻辑性和创造性的过程。从广泛的素材收集和灵感汲取开始，包括对自然、文化、艺术、科技等领域的观察和研究。这些素材为造型语言的初步构想提供了基础。通过联想、类比、隐喻等思维方式，将抽象的概念转化为具体的视觉形象。这涉及对形状、线条、色彩、质地、空间等造型元素的选择和组合，经过反复的推敲和优化，确定最能有效传达广告信息、实现创意目标的造型语言。广告设计创意思维中造型语言的推导是一个融合了理性分析和感性创造的复杂性的创意推导过程。

（2）视觉语意的推导

在思维扩张的过程中，还有一种方法，根据传达的意义进行思维推导，一般都是根据一个主题或者抽象的含义来进行的。例如战争，分别推导出和战争有关的无穷尽的创意思维；环保，按照环境保护的理念，分别推导出环境有关的无穷尽的创意，在众多创意中，总有一些是非常贴近主题的，会引发人们共鸣的好创意，这也许就是最终实现的创意。广告设计创意的视觉语意的推导是一个至关重要且充满探索性的过程。从各种文化、社会现象、流行趋势以及历史元素中汲取灵感，通过对这些素材的背景、内涵、价值、影响等涉及语意的关键因素进行研究和分析，挖掘出能够与广告主题产生关联的潜在视觉符号和象征。运用联想、隐喻、象征等手法，将抽象的概念转化为具体的视觉元素和组合。同时，考虑不同视觉元素所引发的情感反应和心理暗示，以确保所选择的视觉语意能够与目标受众的情感和认知产生共鸣。经过一系列的构思、分析、延展和完善，最终推导出能够准确传达广告意图、引发受众关注并促使其产生相应行动的视觉语意。

（3）意识流语言的推导

意识流这一词语是19世纪由美国实用主义哲学创始人、心理学家威廉·詹姆斯在《心理学原理》一书中提出的，指人的意识活动持续流动的性质，即把思想比作一股流水的概念和“意识汇流”的观念。在广告设计领域，人们的思维方式有跳跃的活动方式，在不经意间产生不同的想法，与意识流相结合同样会产生新颖的、奇特的想法，这种自由联想、现实与虚幻交织、超现实的想象，为思维推导提供了广阔的空间，产生大量跳跃性的创意。广告设计创意的意识流推导方式，是一种较为独特和内省的思维过程。它是对主题的初始感知和直觉反应，这种感知是模糊的、零碎的，但却是意识流推导的起点。通过自由地联想和漫游，思绪可能会跳跃式地从一个概念跳到另一个看似不相关的概念，从个人的经历、情感、记忆，到社会现象、文化符号，各种元素在脑海中交织碰撞，从中敏锐地捕捉那些瞬间闪现的灵感和想法，挖掘出深层的创意潜力。然后，通过对这些零散的意识片段进行筛选和整合，寻找其中的潜在联系和共同主题，可能会发现一些隐藏在表象之下的情感诉求、未被满足的需求或者独特的视角。最终，将这些经过筛选和整合的意识内容，以创意草图的形式进行初步呈现。形成意识流推导的创意，往往具有独特性和创新性。

（4）文字地图的推导

文字在传达过程中最为直观、简洁、快速，因此在描绘思维推导过程中，会快速达到预期效果，实现思维的飞跃，文字为中心的思维扩散，会在语意、造型、内涵、表现、风格等方面记录思维的扩散过程。作为人类记录事件、传承文明的载体，文字在思维扩散中能够快速、准确地描绘出人的主观能动性的思维运作过程，设计师通过主观海选，对新颖独特的创意进行再加工并形成作品，文字推导就完成了它的使命。首先对广告设计所要传达的核心信息进行全面梳理，包括产品特点、品牌口号、目标受众的需求及宣传的主要诉求等，凝练成关键词。然后，将这些关键的文字元素进行分类和层级划分，确定哪些是重点强调的信息，哪些是辅助说明的内容，构建出一个初步的文字结构框架。接下来，通过对这些文字信息的深入分析和联想，挖掘出它们之间潜在的逻辑关系和情感联系。在推导过程中，会思考如何以最直观、清晰的方式呈现这些文字关系。采用线条、箭头、图形等元素来连接和区分不同的文字部分，构建出一个类似地图的可视化文字创意思维构架。最终，形成文字地图，从中可以看到文字地图与关键词的关联，看似风马牛不相及的词语，但具有千丝万缕的关联，进而根据创新的需求凝练广告设计核心创意。

5. 创意方法

（1）对比法——寻找创意中的个性表现

对比，是把具有明显差异、矛盾和对立的双方安排在一起，进行对照比较的表现手法。在广告设计思维扩散产生的创意中，通过将两个或多个具有明显差异的元素并置在一起，使之集中在一个完整的比较区域内，形成明显的比较和对照关系，从而突出它们各自的特点，分类比较与对比分析得出优秀的创意。运用这种手法，有利于充分展示每个创意的个性特征，抓住主要创意的艺术风格，突出被表现主题的本质属性，强化准确创意的深刻程度，加强广告创意的艺术感染力。对比法的应用，能够在视觉上产生冲击，迅速抓住观众的眼球，使优秀的创意从众多信息中凸显出来；能够清晰地展示主题的关键特点和优势，快速聚焦于主题创意的核心信息。

（2）整合法——抓住事物间的共性合成表现

整合是对事物的整体统一化，使之合为一体，从而实现创意的优势互补、资源共享和协同工作，通过结合的方式发挥其最大创意价值。通过众多创意的发散，形成大量有价值的但分散的信息，需要通过整合进行提取。在发散思维的创意中，虽然表面上没有独到的经典创意，但以主题内涵与外延为中心发射的思维活动，会将必然的、偶然的联系综合起来形成创意网，综合起来的思维，将部分创意的所有优点集于一身，这就完成了优势互补的思维整合的过程。通过整合，将发散的创意中不同的元素和信息有机地结合在一起，有效地整合设计元素、文案内容等各种创意资源，充分发挥它们的优势，提高资源的利用效率，使它们相互补充、相互加强，产生大于各部分简单相加的效果。同时，在整合的过程中，不同元素之间的碰撞和融合可能会激发新的创意想法和解决方案。

（3）集中法——优势表现

集中法即抓住事物最突出的特征、主要矛盾、优势表现、精华加工独特的创意部分，在有大量积累与分类对比的前提下总结优秀方案优势表现，然后对个体创意进行集中推敲、不断完善，进而达到“语不惊人死不休”的最终经典创意的过程。广告设计创意的集中法，在广告创作过程中，将重点聚焦于产品或服务的核心优势或最具吸引力的特性，通过各种创意手段将其突出展示。这种方法不是对产品或服务的所有特点进行平均展示，而是有针对性地挑选出最能打动目标受众、与竞争对手形成差异化、最具市场竞争力的方面进行集中强调和深入挖掘。优秀广告中，其视觉语言最终都是经过精细加工与提纯，才逐渐形成的，一蹴而就、一气呵成的优秀广告少之又少，在其形成之前，也是经过多次酝酿、量的积累，才形成质的飞跃。广告设计创意的集中法，旨在突出创意的重点和优势，明确地向受众传达广告设计的核心价值。

二、广告设计的形式

1. 形式内涵

广告设计的形式是指在广告作品中，将各种视觉元素（如点、线、面、色彩、文字、图像等）按照一定的原则和方法进行组织、组合和排列，以形成具有特定视觉效果和传达功能的整体结构。在广告设计构成形式探索中，内容与形式需要高度统一，什么样的内容（what）就需要什么样的形式（how）去表现，做到主题深刻、形式贴切；设计师需要深入研究画面视觉语言的不同存在关系，或张扬、或严谨，或呆板、或帅气，或粗犷、或精细，或动感、或稳定，或平衡、或韵律等，抓住不同的视觉感受深刻表现主题；注重对多种存在构成形式的广度分析，探索二维空间中繁杂形象中的图形、色彩、文字等诸要素的画面构成存在关系，整合画面，以达到有助于创意主题的深化、创意品位的提升，起到推波助澜的作用。广告设计的形式通过巧妙的元素组合，创造出强烈的视觉效果，吸引观众的目光，使其在众多广告中脱颖而出。它不断推陈出新，突破传统的构成模式，以独特的方式吸引受众，不仅是对前卫、时尚构成风格的探索，更是要有效地传达广告信息，吸引受众的注意力，引导和提升社会审美。

2. 形式元素

（1）点构成形式在广告设计中的应用

点是最基本的构成元素，具有聚焦和吸引注意力的作用。可以是一个单独的像素、一个小图案或一个文字。点的大小、形状和颜色变化能够产生不同的视觉效果。例如，小而密集的点可以营造出纹理感，大而突出的点能成为视觉焦点。在广告设计中，点的构成形式具有多种独特的应用方式和显著的效果。点作为视觉焦点，吸引观众的注意力。在一幅简洁的广告画面中，一个鲜明的彩色点可以迅速抓住人们的目光，引导他们关注到关键信息。多个点的有序排列可以形成图案或纹理，为广告增添丰富的细节和质感。通过点的大小变化，可以营造出层次感和空间感。较大的点显得突出、靠近，较小的点则给人后退、遥远的感觉，从而在平面广告中创造出立体的视觉效果。点的疏密分布能够控制画面的节奏和韵律。密集的点可能传达出紧张、丰富的信息，而稀疏的点则营造出轻松、简洁的氛围。不同颜色的点组合在一起，可以创造出独特的色彩效果和情感氛围。同时，点还可以与其他元素（如线、面、文字等）相互配合，突出重点或平衡画面。如图2.25所示。

图2.25　霍楷《和平的节日》

（2）线构成形式在广告设计中的应用

线具有引导视线、划分区域和表达动态的功能。直线简洁、直接，给人稳定和规则的感觉；曲线则富有韵律和动感，能够传达柔和与优雅。粗细不同的线也能传达不同的情感和信息，粗线通常更具力量感，细线则显得精致。在广告设计中，线的构成形式发挥着重要且多样的作用。广告设计画面中的直线常被用于传达简洁、直接和稳定的感觉。水平直线可以营造出平静、安宁的氛围；垂直直线则给人挺拔、庄重的印象，适用于展现权威和专业的品牌形象。广告设计画面中的曲线具有优雅、流畅和动感的特质。柔和的曲线可以在美容产品或时尚广告中传达出温柔、细腻的情感；而富有张力的曲线能够创造出活力四射的视觉效果，吸引年轻、活跃的消费群体。广告设计画面中的斜线能带来动感和不稳定感，常用于表现速度、激情或突破。在运动品牌的广告中，斜线可以强调运动的力量和速度。广告设计画面中粗细不同的线也有着不同的应用。粗线显得厚重、有力，可用于强调重要元素或划分主要区域；细线则精致、细腻，能增添细节和精致感。线的组合形式多样，如平行线可以产生秩序感和节奏感，常用于展示系列产品或体现品牌的一致性；交叉线能营造出紧张和冲突感，以吸引观众的注意力并激发他们的好奇心。如图2.26所示。

图2.26　霍楷《城市夜光》

（3）面构成形式在广告设计中的应用

面可以是由线条围合而成的区域，也可以是一个大面积的图形或颜色块。面能够产生强烈的视觉冲击，通过不同形状的面（如三角形的尖锐、圆形的柔和、方形的稳定）以及

图2.27　杨惠馨《拒绝注水鸡肉》《拒绝注水猪肉》《拒绝注水牛肉》系列

面的组合和叠加，能够构建出丰富的层次和空间感。在广告设计中，面的构成形式丰富且多样。几何形状的面，如正方形、圆形、三角形等，能够传递出明确而简洁的视觉信息。正方形给人稳定、规矩的感觉，适合用于展现传统、可靠的品牌形象；圆形通常代表着和谐、完整，常用于表达友好、包容的品牌特质；三角形因其尖锐的顶角，可营造出紧张、动感和具有指向性的效果。不规则形状的面更具个性和独特性，能够吸引追求新奇和与众不同的消费者。它们创造出一种突破常规、大胆创新的氛围。大面积的面能够产生强烈的视觉冲击，迅速吸引观众的注意力。尤其是在户外广告中，一个大面积的纯色面可以在远处就清晰可见，有效地传达核心信息。不同面的组合可以构建出丰富的层次和空间感。通过重叠、穿插或对比，可以突出产品的立体感和纵深感，使广告更具吸引力。大块面的色彩选择也至关重要，在色彩的加持下，大块面更具有视觉冲击力。如图2.27所示。

（4）文字构成形式在广告设计中的应用

文字不仅传递具体的信息，其字体、字号、排版方式等也成为设计的一部分。独特的字体设计可以增强品牌个性，合理的文字排版能够提高阅读性和视觉美感。文字在广告设计中具有独特的形式美，其形态、线条和结构本身就蕴含着美感。不同的字体编排展现出不同的气质，这种多样化的字体编排为广告设计提供了丰富的选择，以契合不同的广告主题和品牌形象。将相关的文字内容进行分组编排，如主标题、副标题、广告语等，每组之间通过间距、线条或颜色区

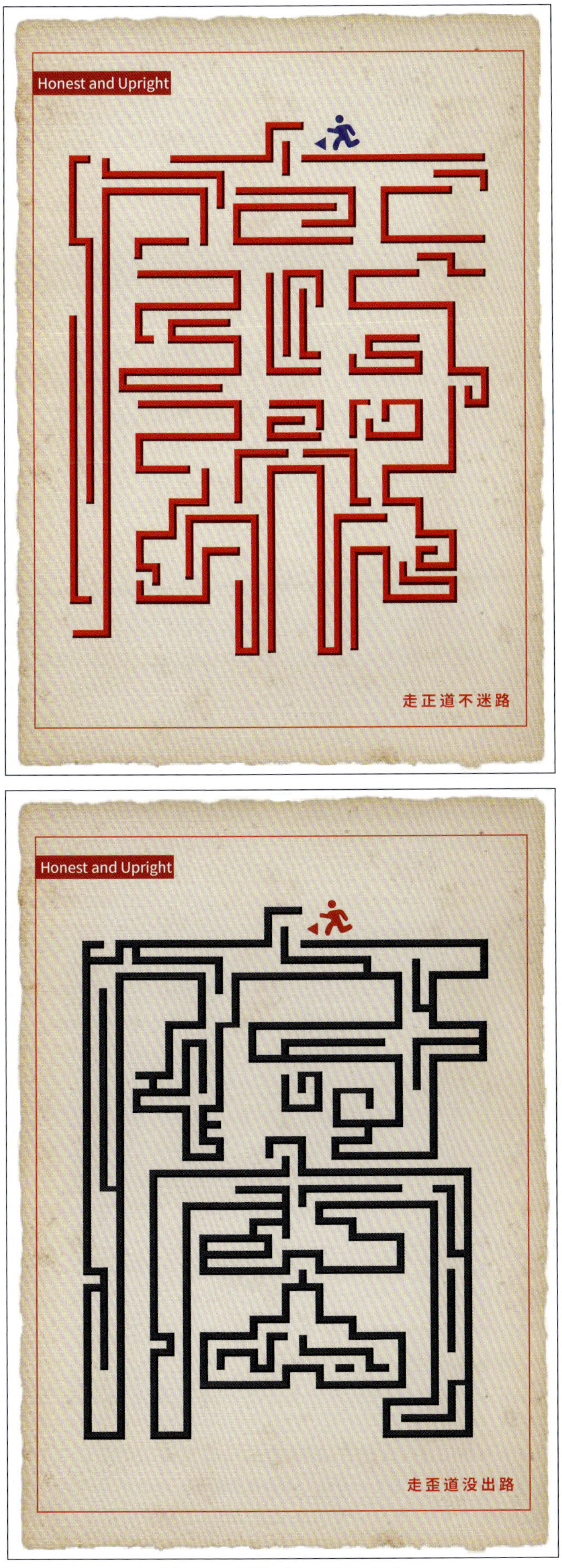

图2.28　崔帆《走对路》系列

分，使信息更有条理。打破常规的文字编排形式，采用交织错落、形式多样的布局方式，增加广告的吸引力和独特性。同时，在文字的构成处理过程中，不但要处理好文字和文字的关系，还要处理好文字和图形、文字和色彩之间的关系，将文字与广告中的图形和色彩元素相互融合，形成一个有机的整体，增强视觉冲击力和艺术感。总之，文字的形式美及编排形式非常灵活多样，在广告设计中能够有效地提升广告的吸引力、可读性和传达效果。如图2.28所示。

（5）图形图像构成形式在广告设计中的应用

图形图像包括摄影图片、插画、图标等，能够直观地展示产品、场景或概念。高质量、富有吸引力的图形图像构成形式及编排方式能够迅速抓住观众的眼球，并有效地传达广告的主题。在广告设计中，图形图像的构成形式美是通过多种元素的巧妙组合和排列展现出来的。其形式美包括各种几何形状和不规则形状的图形、摄影图片等插图的独特魅力，它们的组合可以创造出丰富多样的视觉效果。图形图像赋予的鲜明、和谐或对比强烈的色彩搭配，能够引起情感反应，其细腻的、粗糙的、光滑的或有质感的纹理之美能够增加图形图像的真实感和触感。图形图像的透视、重叠、远近关系等营造出的空间之美，使图形图像更具深度和立体感。广告设计图形图像的构成及编排方式较为多样，主要采用中心构图、对称构图、黄金分割构图、对角线构图、装饰框架构图等形式，这些不同编排方式加之设计感强的构成形式，形成广告设计图形图像的多样化形式样式，能够使广告中的图形图像更有效地传达信息、吸引观众，并提升广告的整体效果。如图2.29所示。

图2.29　赵璐《上海世博会》

图2.30　苏照辉《捆住贪，廉洁行》《绳系腐，守清廉》系列

（6）空间形式在广告设计中的应用

空间形式包括实空间（元素占据的空间）和虚空间（元素之间的空白区域）。合理运用空间可以使广告设计画面布局更加舒适，突出重点元素，同时虚空间也可以作为一种设计元素来营造独特的视觉效果。在广告设计中，空间的构成形式美主要体现在虚实处理、疏密处理、层次对比、比例关系等方面。作品画面的实空间是指图形、文字等具体元素所占据的部分，而虚空间则是元素之间的空白区域；通过巧妙处理虚实关系，能营造出节奏感和呼吸感，使画面更具张力。元素在空间中的分布有疏、有密：密集的区域能够吸引注意力，形成焦点；稀疏的部分则提供了喘息和平衡，使整体布局更加和谐。利用前景、中景和背景的划分，或者通过元素大小、颜色深浅等手段创造出空间的层次感，增强画面的深度和立体感。各个元素在空间中的大小比例关系影响着视觉平衡，合适的比例能够使画面看起来舒适、美观。可见，广告设计画面对空间构成形式美的理解和巧妙编排，能使广告设计更具吸引力、感染力和厚重感。如图2.30所示。

3. 形式拓展方法

（1）视觉空间平衡语言把握

画面中，两个对角线的交叉点是画面的正中心，这被称为绝对中心；而事实上人们观察的中心是绝对中心偏上的一个点，这被称为视觉中心。视觉中心即广告设计中的视觉中心点，它就像一个宇宙的中心，所有视觉语言的重心都围绕它而进行。广告设计画面中的视觉语言，无论是散点排列还是秩序排列，这些语言都有一个视觉中心点。因此，在设计中抓住这一中心点会有效把握画面形式语言，使画面重心居中、稳定、平衡。对视觉空间平衡语言的把握主要体现在画面形式元素的分布关系、色彩处理的平衡关系、画面插图的形状和大小关系、插图的正负空间关系、构图的对称与变化关系、画面重心的处理和把握、构成形式的视觉引导以及对比与协调等的形式美法则关系。

（2）对比语言与统一语言“度”的把握

画面中形式语言的探索，无外乎形式语言的对比与统一。对比产生矛盾即跳跃感，而统一具有整体感，使画面和谐统一促进传达。对比是在一定程度内调整视觉语言点线面的大小、松紧、长短、宽窄等问题；而统一是对比的统一，是在对比的基础上调整画面视觉语言的统一整体感，完全没有跳跃性的统一也会使画面单一呆板，失去视觉传达的生命力。因此，对比与统一是一对辩证的关系，皆过犹不及，在第三章广告设计的形式规律中具体探索对比与整合的关系及应用。对比语言能增强广告的视觉冲击力和吸引力，但过度使用可能会产生负面效果。在色彩对比方面，要考虑色彩的明度、纯度和色相的差异程度。在形状对比中，尖锐与圆润、规则与不规则的对比运用要恰到好处。大小对比用于强调主次关系时，过大的差距可能导致视觉失衡，较小的差异又可能无法有效突出重点，需要根据广告内容和整体布局来确定合适的比例。而统一语言有助于建立品牌形象的连贯性和稳定性，但过度统一可能会显得单调无趣。这就需要找到对比与统一的平衡点，使它们相互融合、相得益彰。

（3）横向空间的拓展

横向空间视觉形式语言的探讨，即对二维画面中的视觉元素存在的上下左右的不同位置、多种视觉语言构成的排列方式及不同设计主题内涵的形式感的探索，围绕所有视觉语言的疏密、上下、左右、大小、均衡、稳定等特质进行处理，或是个性化、陌生化排列所产生的位置变化，给人以生动感、好奇感；多种视觉语言的排列形式的方向、节奏、秩序、和谐、韵律等多种形象的组合关系，正是体现广告主题带给人们的或紧张、或严肃、或活泼、或优美等的视觉感受；不同设计主题内涵的构成形式感（即不同的形式语言）将产生不同的视觉感受，分别适合不同主题。横向空间的探索，正是深入研究二维画面中视觉语言的关系，使形式语言多样化、个性化、艺术化、人性化。广告设计横向空间的拓展可以通过多种方式实现，从而增强视觉效果和传达信息的能力。采用全景式的构图，将主要元素横向铺开，营造出宽广、大气的感觉。图像元素拼接多个相关的场景或物体，形成一个连续的横向视觉流。选择具有延展性的色彩，从视觉上给人一种开阔的印象。通过巧妙地运用布局、文字、图像、色彩、线条、图形和动态效果等手段，有效地拓展广告设计中的横向空间。

（4）纵向空间的拓展

在广告设计中，纵向空间的拓展是一种增强视觉效果和传达信息深度的重要手段。纵向空间拓展旨在打破平面的局限，通过各种设计元素和手法在垂直方向上营造出更丰富、更具层次和更引人入胜的视觉体验。纵向空间的探索，是在二维空间内的多种视觉语言的处理产生抽象的、主观的、感性的空间关系，并非真正的空间。二维空间中形式语言的处理，要求设计师对视觉语言图形、文字的编排产生前后、主次、远近、虚实的变化，加强画面中的大小对比、明度差异、曲直对比、精细粗狂对比、图形软硬对比等。多种视觉语言强对比则纵深空间加大，会强化主要矛盾，削弱次要矛盾，主次分明，吸引人们的注意力，促进传达；摄影语言的主观空间关系的强化，则是强化摄影的黑白灰及纵深层次变化，会使形象更加突出，视觉语言更加强悍，对比更加强烈，因此更有利于传递信息。广告设计纵向空间的拓展，主要在构图与布局、形式语言的应用、文字与图形的编排、色彩与肌理的应用等方面进行拓展，构建一幅主次鲜明、形象突出、构图饱满、充满张力和视觉冲击力、形式感强的画面。

（5）形式语言的无限探索与表现主题内涵的整合统一

在广告设计中，形式语言的无限探索与表现主题内涵的整合统一是相辅相成的关系。形式语言包括色彩、图形、字体、排版、构图等各种视觉元素的运用和组合方式。对形式语言的无限探索意味着设计师不断尝试创新的表现手法、独特的视觉效果和新颖的组合模式。这涉及对不同风格的借鉴与融合，对新技术和材料的运用，以及对传统设计规则的突破和挑战。而广告设计的主题是唯一的，就像一篇文章、一首诗歌的题目，它可以根据不同背景创造出无数的创意，挖掘画面存在的无数形式构成、编排版面，而这些画面的形式语言，虽然可以风马牛不相及地去编排，可活跃、可严肃、可散乱、可洒脱等构图，但是总有一种或者几种形式语言较为适合所表现的主题内涵，这就形成了主题的唯一性，要求创意和形式语言的准确性和深入性，偏离主题背道而驰的形式编排的版面，使人解读时乏味、清淡、无力，产生偏差甚至误导；准确表现的形式语言使人解读起来生动到位、恰如其分，起到事半功倍的效果。如果形式语言过于花哨或偏离主题内涵，可能会导致观众无法准确理解广告的意图。相反，如果形式语言过于保守和单调，即使主题明确，也难以吸引观众的注意力并留下深刻印象。因而，形式探索和主题要求应做到相得益彰、恰到好处。

4. 排版形式

（1）满构图排版

广告设计的满构图排版是将图像、文字等元素几乎铺满整个页面，给人以丰富、饱满的视觉感受。常用于强调产品的多样性或营造热闹的氛围。一些广告设计用满版的商品图片和醒目的优惠文字吸引消费者。满构图排版在广告设计中是一种极具视觉张力和吸引力的方式。它的特点是充分利用整个页面空间，几乎不留空白，将图片、图形、文字等元素紧密排列组合，以达到丰富且充实的视觉效果。这种排版方式能够瞬间抓住观众的眼球，产生强烈的视觉冲击。由于信息密度大，能够传递大量的内容和细节，给观众带来强烈的感官刺激。满构图常常采用鲜艳、高对比度的色彩组合，增强画面的活力和视觉吸引力。对于图片和图形的处理，通常会选择具有高清晰度和强烈视觉表现力的素材。它们可能会相互叠加、交错，以展现丰富的层次和复杂的关系。文字在满构图排版中也起着关键作用。字体的样式要独特且清晰可读，字号大小和字距的设置需精心规划，既要与其他元素融合，又要突出重点信息。满构图排版适用于促销活动、新品发布等多种广告场景，能够有效地营造热烈、丰富的氛围，激发观众的兴趣和购买欲望。如图2.31所示。

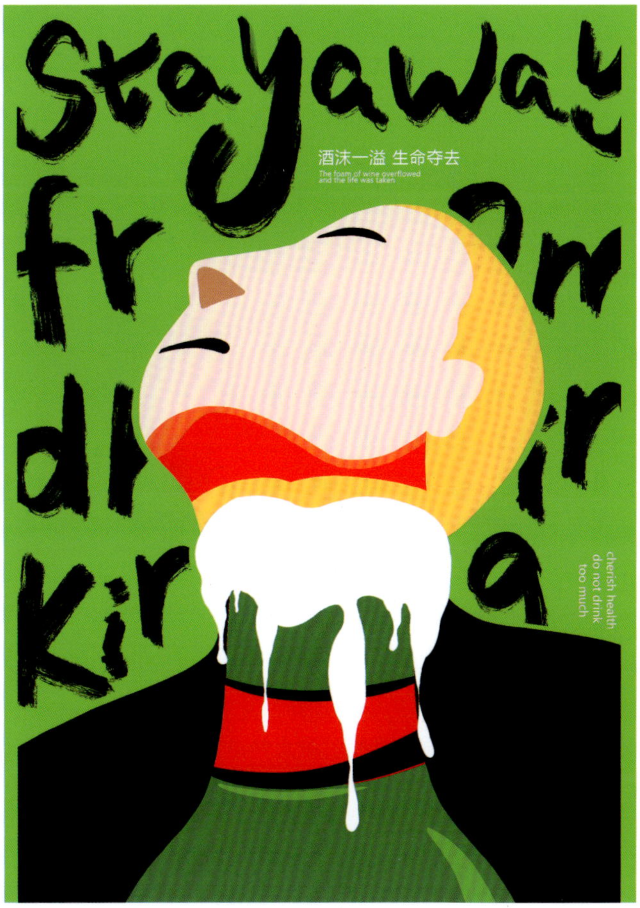

图2.31　邵诗雯《酒沫一溢　生命夺去》

（2）居中对称排版

居中对称排版是广告设计中一种常见且具有平衡美感的排版方式。在此排版方式中，主要元素被放置在页面的中心位置，左右或上下呈现出对称的布局。这种对称结构给人一种稳定、庄重、和谐的视觉感受。它的优势在于能够突出核心内容，使观众的注意力迅速聚焦在中心元素上。由于画面的平衡感，让人感觉舒适和有序，容易产生信任感。对于图片和图形的选择，主要选取具有明确主体和清晰轮廓的图形或图片，以便在居中对称的布局中更好地展现其特点。文字在这种排版中也会遵循对称原则，无论是字体的选择、字号的大小还是文字的排列，都会保持左右或上下的一致性，以达到整体的对称平衡。居中对称排版适用于比较正式、庄重和严肃的广告设计形式中。然而，居中对称排版也存在一定的局限性，如果运用不当，可能会显得过于呆板和缺乏创新。因此，在设计时需要注意适当添加一些变化和细节，以增加视觉的趣味性。如图2.32所示。

图2.32　李鑫璐《贪如绳索，欲如牢笼》

（3）自由排版

自由排版是广告设计中一种极具创意和灵活性的排版方式。它摒弃了传统排版的规则和限制，允许元素在页面上以不规则、无固定模式的方式分布。设计师可以根据创意和主题的需要，随心所欲地安排图片、图形、文字等元素的位置、大小和方向。自由排版的最大特点就是其不可预测性和独特性。它能够充分展现设计师的个性和创造力，使每一个设计都成为独一无二的作品。这种排版方式常常给人带来新奇、惊喜和充满活力的视觉感受。自由排版可以将不同风格、形状和大小的图片及图形素材巧妙地融合在一起，形成富有层次感和立体感的效果。文字在自由排版中也变得更加自由和富有变化。字体、字号大小可以随意调整，文字的排列可以是弯曲的、倾斜的、交错的，产生灵活多样的排版方式。设计师在保持创意的同时，确保各个元素之间能够相互协调、相互呼应，形成一个有机的整体，切勿排版过于自由化和松散化，以更好地有效传达广告的信息。如图2.33所示。

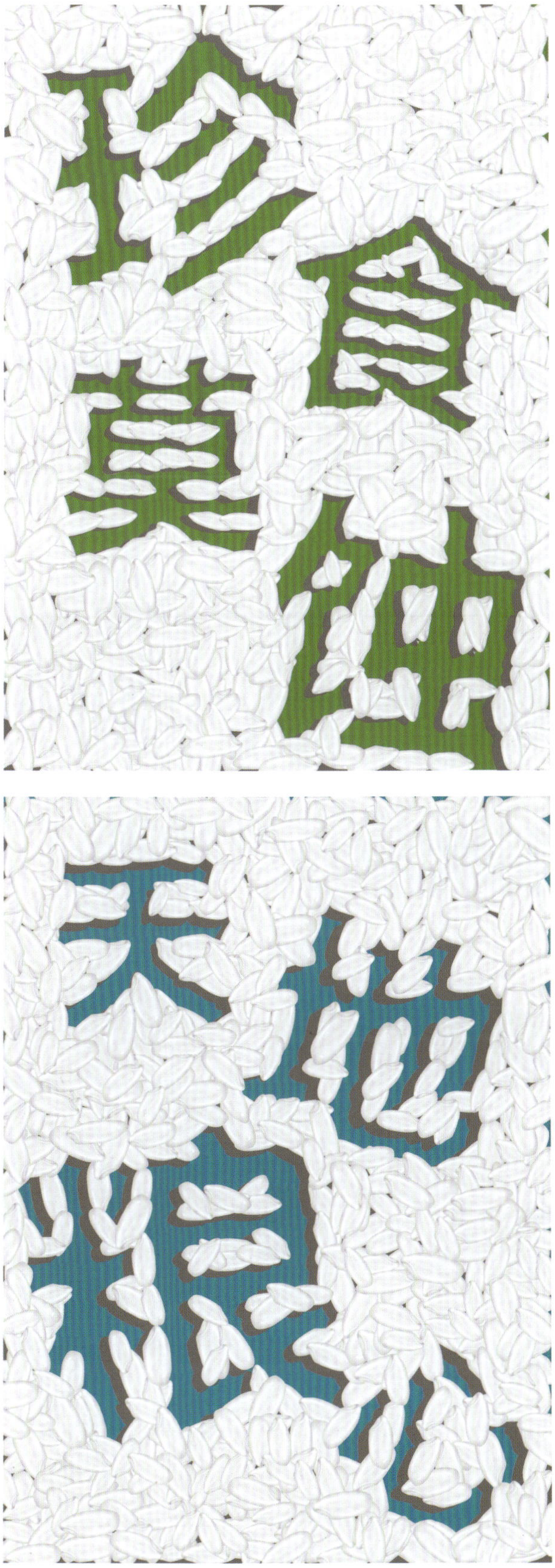

图 2.33　魏歆彤《珍惜粮食》系列

（4）倾斜排版

广告设计的倾斜式排版富有动感、产生活力。它的主要特点是将元素以一定的角度倾斜放置，打破了常规的水平和垂直排列，从而营造出一种不稳定、动态的视觉效果。这种排版方式能够迅速吸引观众的注意力，因为它与常见的规整排版形成鲜明对比，给人一种独特和新奇的感觉。倾斜的角度和方向可以根据广告的主题和情感需求进行调整。向上倾斜可能传达出积极、上升的趋势，向下倾斜则可能暗示着速度或某种坠落感。倾斜式排版可以让原本静态的图像产生运动的错觉，增加画面的趣味性和吸引力。通过多个倾斜元素的组合，形成一种有节奏的韵律，引导观众的视线在页面上移动。文字在倾斜式排版中通常会跟随整体的倾斜趋势，或者通过不同倾斜角度和大小的变化来突出重点和增加层次感。广告设计中的倾斜式排版是一种能够激发观众兴趣、传递强烈情感和动感的有效手段。如图 2.34 所示。

图 2.34　霍楷《毒害的威胁》

（5）图文并茂组合排版

图文并茂组合排版在广告设计中最为常见且效果显著。它将图像和文字巧妙地结合在一起，相互补充、相互映衬，以达到更出色的信息传达和视觉吸引力。这种排版方式的优势在于能够充分发挥图像的直观感染力和文字的精确描述能力。图像可以迅速吸引观众的目光，引发他们的兴趣，而文字则能够详细阐述产品的特点、优势和相关信息，使观众对广告内容有更深入的理解。在组合排版中，图像的选择至关重要。高质量、清晰、富有表现力的图片能够瞬间抓住观众的注意力，并为文字内容营造出恰当的氛围。图像可以是摄影作品、插画、图标等多种形式，根据广告的主题和风格进行挑选。文字部分则需要考虑与图像之间的大小、比例、方向、面积、层次和空间等关系。字体要与广告插图的整体风格相匹配，文字的位置和排列方式要与图像相互协调，既不遮挡图像的重要部分，又能与图像形成有机的整体。图文并茂组合排版适用于几乎所有类型的广告，其广告主题明确、图形图像鲜明，二者互补有效传递广告设计信息。如图2.35所示。

图2.35　王家惠《清正廉洁》

三、广告设计的艺术表现

1. 艺术表现内涵

广告设计的艺术表现，通常指实现作品的艺术手法、表现手法。主要通过运用各种创意、美学和技术手段，将广告的信息、主题和情感以具有视觉吸引力、感染力和独特性的方式呈现出来。它涵盖了对色彩、图形、图像、文字、排版、空间布局等多种元素的精心策划与整合。目的是有效地吸引目标受众的注意力，引发他们的兴趣和情感共鸣。表现手法适合主题，则提升广告设计的艺术感染力；表现手法偏离主题，则削弱广告设计的艺术感染力。广告设计作品的表现手法应具有表现的力度。表现力是指在广告设计作品中所表现出的感染力。极具艺术表现力的作品，能够增强作品的感染力，吸引人们的视觉，使观者与作品产生共鸣。广告设计的艺术表现是将创意、美学、文化与商业等相融合，以独特而吸引人的方式传达信息的过程。它通过巧妙运用色彩、形状、线条、纹理等方式，创造出具有强烈视觉冲击力的画面。图像和文字表现手法的运用是广告设计艺术表现的关键，它的艺术表现是通过多种元素和手法的综合运用，艺术表现的效果直接影响广告设计最终效果的呈现。

2. 艺术表现分类

（1）简约

广告设计中的简约手法是指在广告创作过程中，通过对元素的精简、整合与优化，以简洁、清晰和直观的方式来传达广告的信息和主题，避免过多复杂和冗余的元素，从而使广告在视觉和信息传达上形成高效和精准的一种设计策略。其内涵是元素的精简，只保留最核心、最关键的图形、文字和色彩等元素，去除不必要的装饰和细节，突出重点。传递精准的信息，以简单直接的方式呈现广告的核心内容，让观众能够迅速理解和把握广告的主旨，不产生歧义或混淆。运用简洁的布局和清晰的视觉层次，使各个元素之间的关系一目了然，增强视觉的可读性和吸引力。保持设计风格的一致性和纯粹性，避免多种风格的混杂，以营造出简洁而统一的整体形象。巧妙利用空白空间，使简约的主体元素更加突出。简约表现的广告设计作品以最简洁的形式，将广告的关键信息有效地传递给目标受众，提高信息传播的效率和效果。可见，广告设计的简约手法旨在以少胜多，通过简洁形式，在有限的空间和时间内，实现广告的最大影响力和传播价值。如图2.36所示。

（2）写实

广告设计中的写实手法是指以对现实世界的精准描绘和高度还原为主要特征的设计方式。它通过对物体、人物、场景等元素的逼真表现，力求在广告中呈现出与真实世界极其相似的视觉效果。写实手法的特征非常鲜明，插图形象具有真实性，尽可能准确地再现事物的外观、形态、色彩和质感，让观众感受到与现实几乎无差别的视觉体验。形象的细节丰富，注重对细微之处的刻画，包括光影变化、纹理细节、物体的结构等，以增强画面的真实感和可信度。凭借对现实的逼真描绘，为广告所传达的信息建立起较高的可信度，让消费者更容易相信产品或服务的特点和优势。在质感方面，能够清晰地展现物体的纹理、光泽、透明度等特性。通过对这些特性的准确描绘，让观众在看到广告图像时仿佛能够触摸到物体的表面，增强了画面的真实感和吸引力。触觉联想方面，虽然观众无法真正触摸到广告中的物体，但优秀的质感表现能够引发他们大脑中对于相应材质触感的联想，可以进一步加深观众对广告中产品的印象和感受。可见，广告设计中的写实手法通过对现实的再现，旨在以真实可信的形象吸引观众，有效地传达广告信息。如图2.37所示。

图2.36　霍楷《赠人玫瑰　爱心绽放》

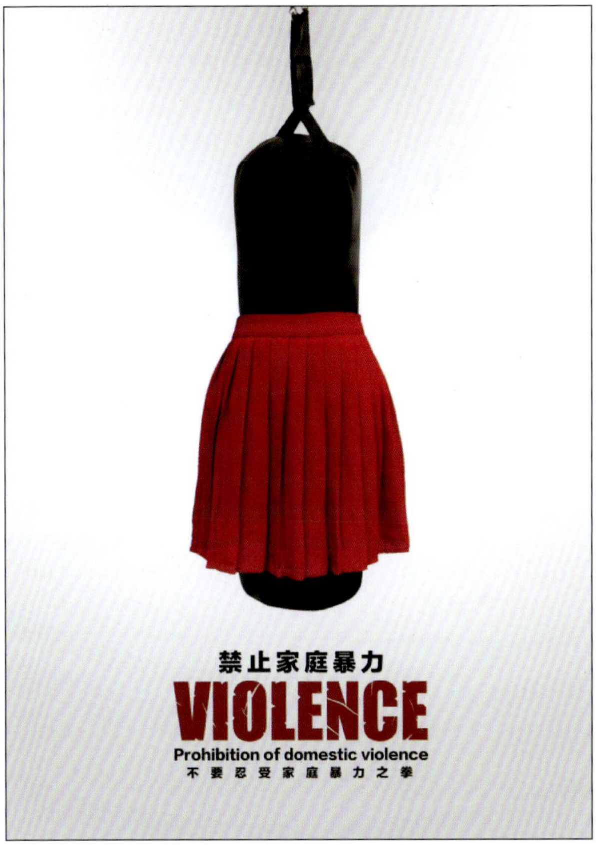

图2.37　陆展煊《禁止家庭暴力》

（3）装饰

广告设计中的装饰手法是指通过运用各种装饰性元素、

图 2.38　王怡苏《清廉字绘》系列

图案、线条、色彩等来美化和丰富广告画面，以增强视觉吸引力和艺术感染力的设计方式。通常表现为插图花纹与图案装饰、表框装饰、色彩装饰、立体装饰、字体装饰、图形构成装饰、拼贴装饰等。其首要目的是使广告画面更具美感，通过精心选择和组合装饰元素，提升整体的视觉品质，吸引观众的目光。装饰手法能够帮助塑造独特的广告风格，无论是古典、现代、民族还是异域风情，都可以通过特定的装饰元素来体现，从而使广告在众多信息中脱颖而出。广告设计借助装饰元素创造出特定的氛围和情感，引发观众相应的情绪反应，增强他们与广告的情感联系。装饰元素具有深厚的文化底蕴，运用这些元素可以为广告注入文化价值，提升其内涵和品位。利用独特而富有创意的装饰设计，往往能给观众留下深刻的印象，有助于增强广告在观众心中的记忆度。广告设计的装饰手法是一种有效的设计策略，通过巧妙运用装饰元素，能够提升广告的视觉艺术效果。如图 2.38 所示。

（4）满画

广告设计的满画布表现指的是在广告创作中充分利用整个画布空间，将各类元素铺满整个画面，几乎不留空白，以实现强烈视觉冲击和丰富信息传递的一种设计方式。满画布表现力求让广告画面充满图片、文字等各种视觉元素，通过密集而有序的布局，使观众的视线被完全占据，从而在第一时间吸引并留住他们的注意力，营造一种丰富、热烈且极具活力的视觉氛围。满画风格的广告设计信息丰富，能够承载大量的产品信息、品牌特点和宣传标语等，让观众获取更多内容。视觉冲击强，充满画面的元素带来强烈的视觉刺激，令人难以忽视。营造的氛围浓郁，容易营造出热烈、繁荣或紧张等特定的氛围，增强情感共鸣。细节突出，插画中的细节元素众多，艺术效果精细深入。整体来看，满画风格的广告设计作品能够快速抓住观众的目光，使其在众多广告中被优先注意到。强烈的视觉冲击和丰富的内容使观众更容易记住广告。如图 2.39 所示。

图2.39 郭晓敏《明镜高悬》

（5）卡通

卡通风格广告设计是以卡通艺术形式为基础，将广告的信息和创意融合卡通艺术元素和广告传播需求的创意表现形式，借助卡通形象、色彩、线条、场景等视觉元素，运用夸张、变形、拟人等表现手法，以充满想象力和趣味性的方式来呈现广告的主题、产品或服务。卡通风格广告设计旨在打破现实的束缚，通过创造出独特的虚拟世界和角色，吸引目标受众的注意力，激发他们的情感共鸣和消费欲望。这种设计风格通常具有鲜明的个性、简洁的造型、生动的表情和动作，以及易于理解和接受的特点。它不仅能够传递信息，还能为广告增添娱乐性和吸引力，使观众在轻松愉悦的氛围中接受广告所传达的内容。卡通风格广告设计通常运用简洁、夸张、富有想象力的手法来塑造形象，以轻松、活泼、有趣的方式吸引目标受众的注意力，传递广告所要表达的内容。卡通形象往往具有简单明了的外形特征，易于观众识别和记忆。高饱和度、明快的色彩组合，营造出欢快、充满活力的氛围。对人物、物体或情节进行适度的夸张和变形，以突出特点和增强趣味性。构建简单而有趣的故事情节，吸引观众并传达信息。卡通形象通常给人亲切、可爱的感觉，容易与观众尤其是儿童建立深入的情感联系。如图2.40所示。

图2.40 敬婷婷《致敬共产党人》

3. 艺术表现风格

（1）极简主义风格

广告设计中的极简主义风格是一种对简洁性和纯粹性极致追求的设计理念和方法。它不仅是对视觉元素的简单删减，还是一种经过深思熟虑、精心策划的设计策略，旨在通过最少的元素和最简洁的形式传达最核心、最关键的信息。它的核心理念在于“少即是多”，通过剔除不必要的元素和装饰，将设计精简到最基本的元素，以达到最直接、最有效的信息传达。极简主义风格通常采用简洁的几何形状、清晰的线条和有限的色彩。形状往往规整且简单，线条则干净利落，不拖泥带水。常选用单一或少量的主色调，搭配中性的辅助色，以营造出简洁而和谐的视觉效果。极简主义注重空间的合理利用和元素之间的平衡。营造出一种宁静、高雅的氛围，让观众的注意力集中在关键信息上。文字的处理也遵循简洁原则，选用简洁明了的字体，避免复杂的装饰和过多的字号变化；文字内容通常简洁精练，只传达最核心的信息，以减少观众的阅读负担。极简主义风格的广告设计能够迅速吸引观众的注意力，因为它在信息过载的环境中提供了一种清晰、直接的视觉体验。它所传递的信息更加明确和聚焦，能够在短时间内让观众理解广告的主旨。如图2.41所示。

（2）波普艺术风格

广告设计中的波普风格是一种源于20世纪50年代的艺术和设计流派，其在广告领域的应用具有鲜明而独有的特征。本质上是对大众文化、消费社会和流行趋势的直接反映与赞美。它突破了传统艺术和设计的高雅与精英主义观念，将大众传媒图像、商业标志、名人形象、流行文化符号等日常生活中的常见元素，以大胆、夸张和创新的方式融入广告设计之中。波普风格通常采用鲜艳、明亮且对比强烈的色彩组合，营造出极具视觉冲击力和活力的效果。这种色彩选择旨在吸引观众的注意力，激发他们的情感反应，使广告在众多信息中迅速脱颖而出。波普风格常借鉴大众传媒中的图片、漫画、广告海报等元素，并对其进行重新组合、拼贴和变形。这些图像往往具有高度的识别性和熟悉感，能够迅速引起观众的共鸣。同时，通过夸张、放大、重复等手法，进一步强化图像的视觉效果和传达的信息。波普风格的字体选择多样且富有个性，常常采用醒目的、装饰性强的字体，有时甚至会对字体进行变形和艺术化处理，以增强广告的视觉吸引力和独特性。如图2.42所示。

图2.41　霍楷 ***Promote racial communication***

图2.42　敬婷婷《波普遇上青铜器》系列

（3）复古风格

复古风格广告设计是一种在广告创作中借鉴和重现过去特定历史时期的设计元素、视觉特征和审美观念的设计方式。它并非简单地模仿过去，而是精心挑选和融合特定年代的色彩搭配、字体样式、图形图案、排版布局、材质质感等元素，以唤起人们对那个时代的记忆和情感共鸣。复古风格广告设计通常会参考某个具有代表性的时代，如20世纪20年代的装饰艺术风格，其特点是几何形状的运用和奢华的装饰；或者20世纪50年代的美式复古，强调鲜明的色彩和圆润的线条；抑或是20世纪80年代的霓虹灯和夸张的造型。采用过去年代特有的柔和粉彩或浓郁的复古正色等当时流行的特定色调组合。在字体选择上，往往会运用当时常见的手写体、装饰性字体或经典的印刷字体。图形图案包含具有时代特色的花纹、图标和象征物。复古风格广告设计目的不仅是呈现过去事物的外观，更是借助人们对过去美好时光的怀念和向往，营造出一种熟悉而温暖的情感氛围，从而吸引消费者的注意，建立起与品牌或产品之间的情感联系，同时赋予广告独特的个性和魅力。如图2.43所示。

图2.43　王宇蒙《古画新传》系列

（4）手绘风格

手绘风格广告设计是一种以手工绘制的图形、图像和文字为主要表现形式的广告创作方式。它强调创作者通过手工绘制的过程，运用铅笔、水彩、油画、马克笔等各种绘画工具和技巧，将创意和想法直接转化为视觉形象。手绘风格广告设计不仅是简单的图像绘制，更是融入了创作者的情感、个性和独特的艺术感知。手绘风格广告设计具有鲜明的手工痕迹，笔触的轻重、线条的粗细变化、色彩的不均匀涂抹等特点赋予了作品独特的质感和温度。与数字化生成的图像相比，手绘作品更具生动性和亲切感，能够传递出一种真实而人性化的情感。手绘风格的广告设计能够引发观众更深层次的情感共鸣。因为手工绘制的作品往往带有创作者的个人情感和态度，这种情感的注入能够使观众更易感受到广告所传达的信息，并建立起与品牌或产品之间更为紧密和真实的联系。可见，手绘风格广告设计是一种充满创意和情感的艺术表现形式，通过手工绘制的独特魅力，为广告带来个性化、温暖且富有感染力的视觉效果。如图2.44所示。

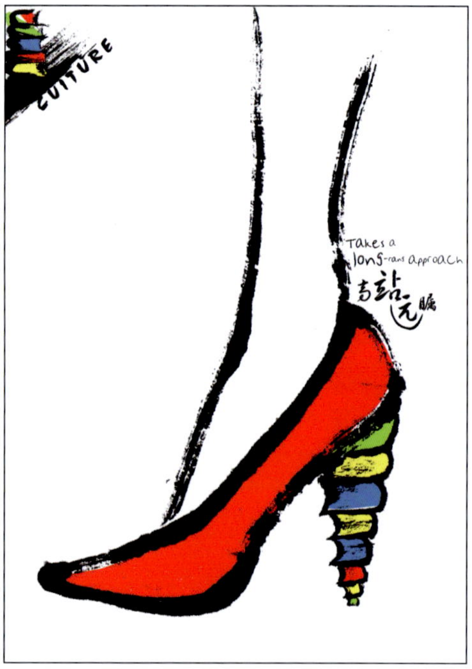

图2.44　仇锴《高站远瞩》

(5) 立体主义风格

立体主义风格广告设计是一种在广告创作中借鉴和应用立体主义艺术理念与表现手法的设计形式。立体主义兴起于20世纪初，其核心思想是打破传统的单一视角观察和描绘物体的方式，试图从多个角度、多个层面同时展现物体的形态和结构。在立体主义风格广告设计中，设计师不再局限于对物体外观的写实描绘，而是将物体分解、重组和变形，呈现出多个视角和不同侧面的同时存在。通过这种方式，物体的立体感和空间感被极大地拓展和重新定义。在视觉元素的处理上，立体主义风格常常运用几何形状，来构建物体的基本形态。这些几何形状相互交错、重叠，形成复杂而富有节奏感的组合。线条的运用也不拘一格，可能是直线、曲线或者折线，以创造出动态和不稳定的视觉效果。立体主义突破了传统的单一空间概念，将不同的空间层次融合在同一画面中，使前景、中景和背景不再有明显的区分，创造出一种独特的深度和维度感。

(6) 超现实主义风格

超现实主义广告设计是一种在广告创作中融入超现实主义艺术理念和表现手法的独特设计形式。超现实主义起源于20世纪初，强调突破现实逻辑和理性思维的束缚，挖掘潜意识和梦境中所呈现的奇幻、荒诞和不可思议的元素。在超现实主义广告设计中，设计师刻意摒弃了现实世界的常规和约束，构建出充满幻想、离奇和神秘色彩的视觉场景。这些场景常常将毫无关联的物体、形象或情境组合在一起，创造出一种超越常理的视觉冲击。超现实主义广告往往引入奇异的形象、变形的物体、虚幻的景观以及不符合物理规律的空间关系。这些元素可能来自神话、传说、梦境或者纯粹的想象，其形态和特征常常被夸张、扭曲或异化，以激发观众的好奇心和探索欲望。超现实主义广告设计不仅是为了吸引观众的注意力，更是通过这种独特的视觉语言，触动观众的潜意识和情感，引发他们内心深处的共鸣和思考。如图2.45所示。

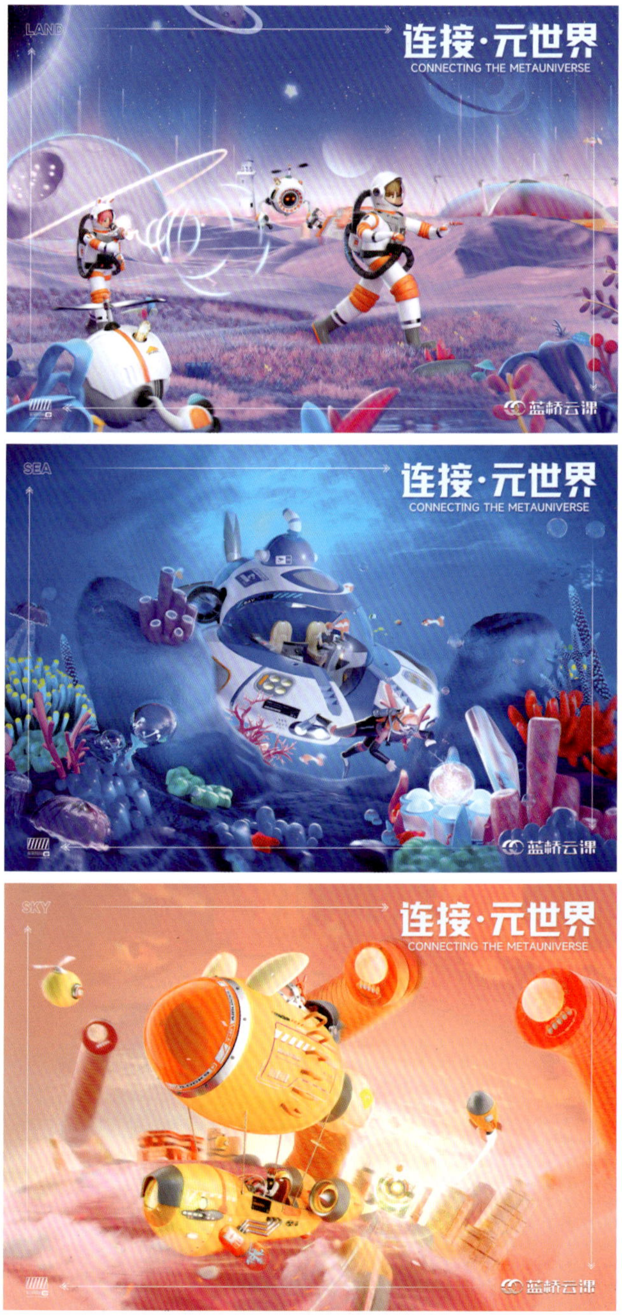

图2.45　鞠济璟《连接·元世界》系列

4. 艺术表现特征

(1) 创新性

广告设计艺术表现具有创新性特征，在广告设计创作过程中，通过突破传统的思维模式、表现手法和技术应用，创造出独特、新颖且具有吸引力的视觉和情感体验，以更有效地传达广告信息、塑造品牌形象并引发目标受众的积极反应。这种创新性不仅体现在形式和外观上，更在于对广告核心概念、传播策略和受众需求的深刻理解与重新诠释。它要求设计师能够敏锐地捕捉社会文化的变迁、技术的进步以及消费者心理的变化，将这些因素融入广告设计中，创造出与时代脉搏相契合、引领潮流的作品。创新性的广告设计艺术表现可以是对现有元素的重新组合与再造，也可以是完全原创的概念和形式；可以是运用新的媒介和技术实现前所未有的视觉效果，也可以是从独特的视角出发讲述品牌故事或传达产品价值。其关键在于打破常规，以独特的方式吸引受众的注意力，激发他们的兴趣和欲望，使广告在激烈的市场竞争中脱颖而出，实现广告的商业价值和社会影响。

(2) 艺术性

广告设计艺术表现具有鲜明的艺术性特征，在广告设计创作中，运用多种艺术元素、手法和原则，以富有审美价值和创造力的方式呈现广告内容，使广告不仅具有传达信息和促进销售的实用功能，还具备能够引发观众情感共鸣和审美享受的艺术特质。艺术性体现在对色彩、图形、文字、排版、光影等视觉元素的精心选择和巧妙组合上，营造出和谐、平衡、富有节奏感和韵律感的视觉效果。同时也包括对广告主题和情感的深度挖掘与精准表达，通过象征、隐喻、夸张等艺术手法，赋予广告更丰富的内涵和意义。在广告设计中，艺术性还意味着对各种艺术风格和流派的借鉴与融合，如现代主义、后现代主义、古典主义等，结合广告的目标和受众特点，创造出独特而具有个性的艺术风格。此外，艺术性也注重对空间、比例和尺度的把握，使广告在视觉上呈现出舒适、协调的美感。

(3) 文化性

在广告设计尤其是中华美育广告设计中，更多地表现为文化性风格。广告设计艺术表现的文化性是指在广告的创意过程中，深度融合和反映特定社会、民族、地域的文化内涵、价值观念、传统习俗、审美标准以及时代精神等文化元素。这种文化性不仅是对文化符号和表象的简单运用，还是深入挖掘中华优秀传统文化的内核，将其与广告所要传达的信息有机结合。通过广告设计展现出文化的多样性、传承性和创新性，使广告在传递信息的同时，成为文化传播和交流的载体。文化性体现在对本土文化特色的彰显，运用传统的艺术形式、民间故事、地方特色元素等，增强广告与本地受众的情感联系和认同感；同时，广告设计的文化性还反映了时代的文化特征，捕捉当下社会的流行文化、思潮和价值观，使广告具有时代感和现实意义。它能够引导和塑造文化消费观念，促进文化的创新和发展，在商业与文化之间建立起积极的互动关系。

(4) 情感性

广告设计中艺术表现的情感性是指在广告的创作和展示过程中，通过各种视觉、听觉、文字等元素的运用，激发、触动并引发目标受众内心深处的情感反应，以建立起广告与受众之间强烈的情感连接和共鸣。情感性在广告设计中不仅是表面的情绪渲染，还可以深入了解受众的心理需求、欲望、价值观和生活体验，将这些情感因素融入广告的创意构思、形象塑造、色彩搭配、文案撰写以及整体氛围营造之中。通过温馨的家庭场景唤起亲情的温暖，凭借激昂的音乐和动感的画面激发激情与活力，利用感人的故事引发同情和怜悯。情感性艺术表现使广告不再仅仅是关于产品或服务的信息传递，而是成为一种能够触动人心、影响情绪、改变态度的力量。情感性艺术表现强调对人类基本情感（如喜悦、悲伤、愤怒、恐惧、爱等）的精准把握和巧妙运用，以及对更复杂和微妙情感（如怀旧、自豪、渴望、安心等）的细腻刻画，通过引发积极的情感回应，促使受众对广告设计主题内涵产生好感和认同，并最终产生认可，促进消费和形成共鸣。

5. 艺术表现方法

(1) 象征手法

广告设计中的象征手法是指用具有特定文化、社会或普遍共识的象征符号、形象、元素来间接传达广告的主题、产品特点、品牌理念或情感内涵。这些象征符号通常在人们的认知中具有相对固定且被广泛理解的含义，它们超越了表面的直观表述，以一种隐喻、暗示的方式引发观众的联想和思考。通过选择和运用恰当的象征元素，广告能够在不进行直白陈述的情况下，与观众的潜意识和既有认知产生共鸣，从而更深刻、更含蓄地传达复杂的信息和情感。象征手法并非简单的图像使用，而是基于对象征符号的深度理解和巧妙运用，使其与广告的核心信息紧密融合。这种融合使得象征符号在广告语境中具有新的诠释和应用，同时又借助其原有的象征意义为广告增添丰富的层次和内涵。如图2.46所示。

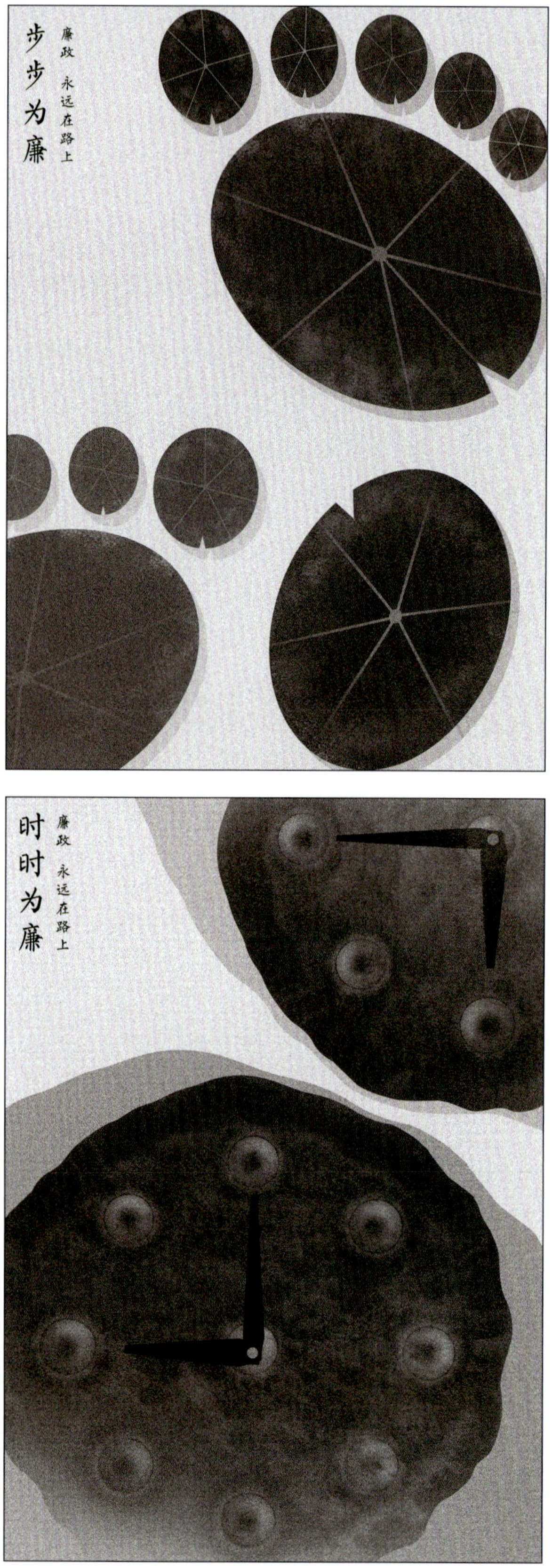

图 2.46　徐远昊《廉政　永远在路上》系列

（2）夸张手法

广告设计中的夸张手法是一种通过对产品的特征、功能、效果或使用体验等方面进行远超实际情况的放大、强化或变形处理，以达到突出产品优势、吸引消费者注意并激发其兴趣和欲望的表现方式。这种手法并不是基于完全真实的描述，而是有意地对某些元素进行夸大，打破常规的比例、程度和规模，创造出令人惊叹、印象深刻的视觉和心理效果。夸张可以体现在产品的尺寸、数量、质量、性能、速度等方面。比如，将食品的美味描绘得让人垂涎欲滴，仿佛能闻到浓郁的香气；将化妆品的效果夸张为能瞬间让人焕发出惊人的美丽，肌肤变得毫无瑕疵；将汽车的速度夸张成风驰电掣，仿佛能超越一切。夸张手法的目的是在短时间内迅速抓住消费者的眼球，引起他们的好奇心和关注，使产品在众多竞争对手中脱颖而出。然而，夸张需要把握好度，不能过于虚假或误导消费者，以免造成不良影响。如图2.47所示。

图 2.47　刘永好《贪欲猛于虎也》

（3）幽默手法

广告设计中的幽默手法是指通过运用诙谐、滑稽、有趣或令人捧腹的元素、情节、形象和语言，以轻松、欢快且引人发笑的方式来呈现广告的内容和信息，从而吸引受众的注意力，引发他们的愉悦感，并在潜移默化中传递产品或服务的特点、优势以及品牌形象。幽默在广告设计中并非单纯为了制造笑声，而是一种精心策划的策略，旨在打破常规的严肃和刻板，创造出一种积极、轻松且令人难忘的氛围。它可以采用讽刺、恶搞、双关语、意外的情节转折、夸张的表演、有趣的角色设定等多种形式。通过幽默手法，广告能够与受众建立起情感上的连接，缓解消费者对广告的抵触情绪，增加他们对广告的接受度和好感度。同时，幽默还有助于提高广告的传播效果，使信息更容易被记住和分享，从而在消费者心中留下深刻的印象。如图2.48所示。

图2.48 Finn Nygaard《国际爵士音乐节》

图2.49 霍尔戈·马蒂斯《家庭教师》

（4）悬念手法

广告设计中的悬念手法是一种通过有意制造疑惑、不确定性和引人好奇的情节、情境或信息缺失，激发受众的好奇心和探究欲望，使其持续关注广告并渴望了解后续发展和答案的创意策略。在这种手法中，广告往往在开头或过程中抛出一个引人入胜的问题、隐藏关键元素、设置神秘的场景或展示不完整的信息，让受众的思维处于一种悬而未决的状态。受众会因为想要满足自己的好奇心和消除内心的疑惑，而被吸引着持续关注广告的后续内容。悬念手法不仅是简单地引起受众的兴趣，更是通过巧妙地控制信息的释放节奏和程度，逐步引导受众深入了解广告所宣传的产品、服务或品牌。它利用了人类天生的求知欲和对未知的探索精神，使受众在主动寻求答案的过程中，更深入地接受和记住广告所传达的核心信息。如图2.49所示。

（5）拟人手法

广告设计中的拟人手法是指赋予非人类的对象，将动物、植物、无生命的物体等以人类的特征、行为、情感或思维方式等进行拟人化的表现手法。通过这种方式，将原本没有生命和情感的事物转化为具有人类特质的形象，使其能够与受众建立起更亲密、更易理解和更具情感共鸣的联系。广告设计拟人手法可以包括为主题及产品赋予人格化的名字、性格特点、语言表达，或者描绘它们像人类一样进行思考、感受、行动和交流。例如，让一款汽车展现出自信勇敢的性格，像一个可靠的伙伴；让一瓶饮料表现出欢快愉悦的情绪，仿佛在与消费者共庆美好时光。这种手法能够使广告更加生动有趣、富有活力，增强广告的吸引力和感染力。它帮助消费者更直观地理解产品的特点和优势，同时也能在情感层面上打动消费者，从而提升产品或品牌在消费者心中的形象和地位。如图2.50所示。

图2.50 秋山孝《抵御艾滋》

【课后思考与练习】

1. 如何把握广告设计的具象要素及其关系？
2. 广告设计的创意如何实现？
3. 广告设计的形式如何拓展？
4. 广告设计的艺术表现形式与创意及形式的关系是什么？如何恰当选择艺术表现形式？
5. 结合广告设计相关竞赛，按照创意拓展方法，绘制创意草图10张，以PPT形式进行汇报。

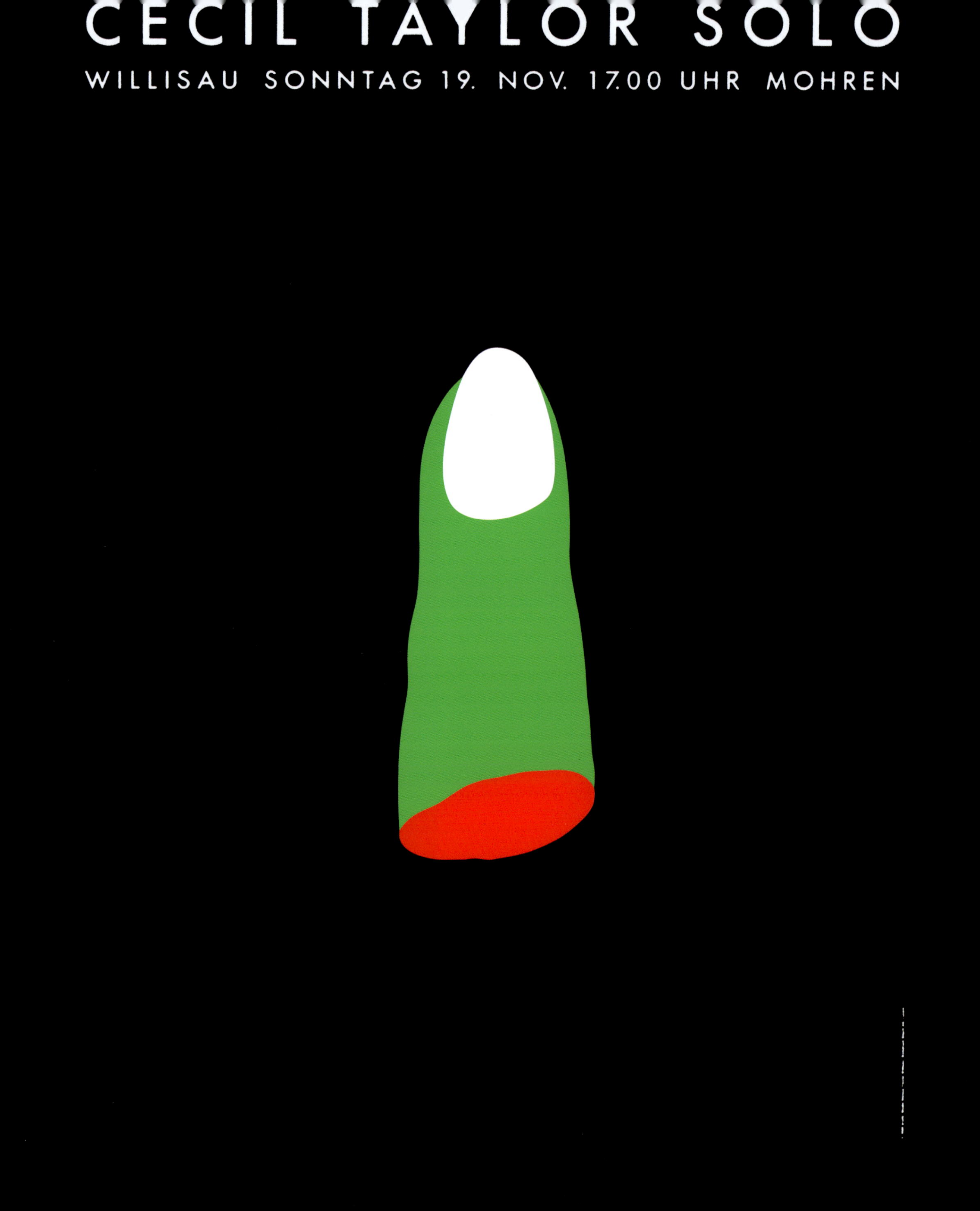
CECIL TAYLOR SOLO
WILLISAU SONNTAG 19. NOV. 17.00 UHR MOHREN

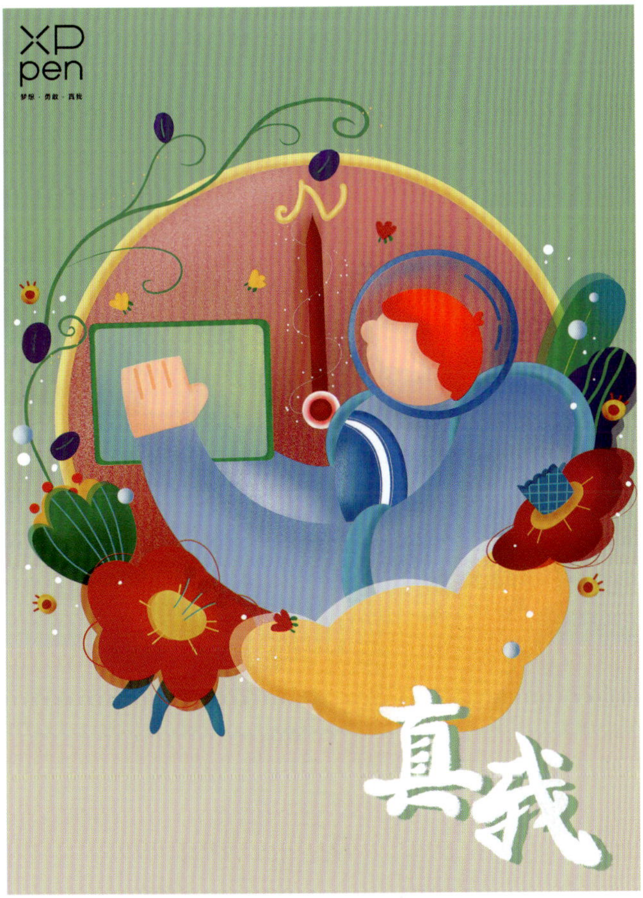

图 3.6 丁西泯《做自己，去追梦》系列

图 3.7 尼古拉斯·卓斯乐《死去的树》

4. 散点式构成形式

广告设计中的散点式构成形式，是指将广告中的各种元素以分散、不规则且看似随机的方式分布在画面中，没有明显的主次之分和固定的排列规律。广告设计中的散点式构图适合表现自由、和谐、随意、自然等视觉感受。散点式构图形散神不散，整体视觉效果乱中有序、不拘一格、重心稳定、整体和谐。散点式构成形式打破了传统的构图规则和秩序感。这些元素大小不一、形状各异、色彩多样，它们在画面中自由散布，没有直接的关联或逻辑顺序。这种构成形式能够营造出一种自由、活泼、充满活力和多样性的视觉氛围，给观众一种轻松、随意的感觉。散点式构成常用于表现具有丰富选择、多样特点或强调个体独立性的产品或服务。然而，虽然看似无序，但在设计中仍需要考虑元素之间的平衡、对比和协调，以避免画面的混乱和视觉上的不适。如图 3.7 所示。

第二节　广告设计中形式要素的关系

一、对比在广告设计中的应用

1. 形与形的对比

（1）形态大中小对比

广告设计中的多个视觉要素同时表现画面时，无疑出现形态的大、中、小面积的对比关系，这里包含图形、文字及肌理等视觉要素。为使画面主要形象突出、主题内涵的突出性及根据形式美的要求，一是要注意作品中多个视觉语言之间的关系；二是要注意视觉语言与底图的关系；三是要注意切入画面的图形分割边框的长短比例关系。图形切入画面时，产生对底图的分割比例应该在形式美的要求下，考虑画面的均衡布局和协调的比例，众所周知，黄金分割点是 0.618，也充分体现了面积大小对比的关系。通过形态大、中、小面积的对比，能够产生以下视觉效果：一是这种对比能够建立明确的视觉层次。较大的图形往往会首先吸引观众的注意力，成为视觉焦点，而较小的图形则可能作为辅助或细节元素。通过巧妙地安排图形的大小比例，设计师可以引导观众按照特定的顺序来获取信息，突出重点内容。二是可以增强画面的节奏感和动态感。不同大小的图形相互组合，能打破单调和平衡，创造出一种富有变化和活力的视觉效果，使广告更具吸引力和冲击力。三是它有助于表现物体的主次关系和重要程度。重要的产品或关键信息可以通过较大的图形来强调，而次要的元素则以较小的图形呈现，从而清晰地传达信息的优先级。如图 3.8 所示。

图3-8 刘润孟《光盘行动》系列

（2）形态面积对比

广告设计中因不同图形或插图所占据画面空间大小的面积产生对比，这意味着在同一广告布局中，各个图形在二维平面上所涵盖的区域存在明显的大小差别。视觉诸要素以面积形态出现，无论图形、色彩还是文字，能够形成整体的视觉感受。图形形成实体的面，具有整体感；文字密集化编辑，错视形成虚化的面积，文字字距、行距加大空间则形成虚化的灰面，文字空间缩小则形成较为实体的面，继续之则整合为一块面积。正是这些图形、文字与色彩面积的出现，会均衡画面版图中视觉语言产生的制约力量，面与面前后、左右对比形成虚实、空间、大小变化，在整体面积中求变化，在变化中求面积的整合。图形之间的面积对比在广告设计中具有重要作用。首先能够创建视觉层次，使较大面积的图形更容易引起观众的注意，成为主要焦点，而较小面积的图形则可能充当辅助或背景元素。这种主次分明的布局有助于突出广告的核心信息。面积对比还能营造出不同的视觉张力和节奏感。较大面积的图形可能带来稳定、重要的感觉，而较小面积的图形则可能增添活泼、灵动的氛围，二者相互配合，使广告画面更具吸引力和动态感。此外，通过巧妙运用面积对比，可以有效地传达信息的重要性和优先级，主体形象可能以较大面积展示，强调其核心地位，而相关的说明文字或次要的装饰元素则以较小面积出现。如图3.9所示。

图3.9　高罾《给和平一个机会》

（3）形态方向对比

广告设计中图形或插图之间的方向对比是指不同图形在空间中所呈现的朝向或指向存在显著的差异，表现为当两个或多个图形在同一广告画面中出现时，如果它们的整体或主要部分所指的方向明显不同，就形成了方向对比。这种差异可以表现为水平与垂直、倾斜与正直、顺时针与逆时针等多种不同的方向组合。广告设计中的视觉要素能够形成方向对比关系：水平关系较为稳定、垂直关系较为庄重、斜向关系形成动感、折线关系形成空间、曲线关系形成自由韵律。画面中的形象根据主题需要有时是单体方向关系的应用，单一方向的变化会产生动力感、速度感；有时需要一种方向为主、多种方向对比关系的组合应用，画面视觉形态产生张力；有时根据渲染画面的效果需要多种方向综合应用。形态语言的方向变化与对比应用，产生活跃的视觉效果，是探索画面形式美的有效方法之一。广告设计图形之间的方向对比能够增加视觉的动态感和活力。不同方向的图形组合在一起，打破了单一方向的单调，创造出一种富有变化和张力的视觉效果。同时，通过方向对比，可以强调图形之间的差异和独特性，突出重点图形或元素，增强广告的表现力和吸引力。如图3.10所示。

图3.10　李旭《烟民之墓》

（4）形态空间对比

广告设计中图形之间的空间对比指的是不同图形在画面中所占据的空间位置、空间大小以及与周围环境的空间关系上存在的显著差异。这包括图形之间的远近关系、疏密程度、重叠与分离等方面的对比。广告设计中的视觉语言在构成画面的形式编辑中能够形成空间对比关系。大面积—前进感；小面积—后退感；冲击力强—前进感；冲击力弱—后退感；表现力度强—前进感；表现力度弱—后退感；色彩纯度高—前进感；色彩纯度低—后退感。众多视觉语言编辑时，可以强化主体形象，增强画面层次感和视觉冲

图3.11　徐远昊《人与自然》系列

击力，彰显广告设计的醒目特点。广告设计图形之间的空间对比能够营造出强烈的层次感和立体感，使广告画面更具深度和丰富性。通过合理安排图形的空间位置，让观众感受到不同图形的主次和重要程度。空间对比还能影响视觉焦点和注意力的引导，处于显著空间位置或占据较大空间的图形更容易吸引观众的目光，从而突出广告的核心内容或关键信息。此外，空间对比可以创造出不同的氛围和情感效果，密集紧凑的图形空间可能传达出紧张、充实的感觉，而疏松开阔的图形空间则可能带来轻松、宁静的氛围。同时，利用图形之间的重叠和分离，能够展示出图形之间的关系，如包含、遮挡等，增加画面的趣味性和故事性。如图3.11所示。

(5) 形态疏密对比

广告设计中图形之间的疏密对比是指在同一广告画面中不同图形在分布密度上呈现出的显著差异。疏密对比体现为某些区域内图形排列紧密、数量众多，形成密集的视觉效果；而在另一些区域，图形分布稀疏、间隔较大，呈现出相对空旷的视觉感受。诸多视觉语言同时编辑画面时，能打破呆板形式使之错落变化，主观加强诸视觉要素形成疏密对比关系。视觉语言密集排列能强化视觉要素，增强视觉冲击力，但容易产生画面视觉紧张感和拥挤感；松散图形排列，容易使画面力量分散。适当疏密结合、松紧对比、轻重缓急变化能够使画面产生抑扬顿挫的视觉效果。密集的图形区域往往会首先吸引观众的注意力，而稀疏的部分则可以起到缓冲和衬托的作用，引导观众的目光在画面中有序移动，确保重要信息被准确关注。疏密对比营造出不同的视觉节奏和氛围，密集的图形可能传达出丰富、热烈或紧张的感觉，而稀疏的图形则带来简洁、轻松或宁静的氛围，通过这种节奏的变化，增强广告的表现力和感染力。如图3.12所示。

图3.12　Alieza Mostafazadeh《自然邀请我们进行平面设计》

（6）形态层次对比

广告设计中图形之间的层次对比指的是不同图形在画面中所呈现出的前后位置关系和视觉上的主次区分。通过透明度、叠加、阴影、大小、色彩等设计手段，使一些图形看起来更靠前、更突出、更重要，而另一些图形则相对靠后、较不显眼、处于次要地位。诸多视觉语言在编辑画面时，处理其前后、远近的关系时能产生层次变化，利用视觉语言的叠压、并置或分离的关系，强化其主次对比，在二维的空间中重点信息突出。强化主体语言，削弱次要语言，使画面层层深入，主次分明，有纵深的空间感和厚重感，前后空间明确。图形之间的层次对比在广告设计中具有关键作用：其一，它能建立清晰的视觉秩序。通过明确的层次划分，观众能够迅速理解广告中图形元素的重要性和优先级，从而更有效地接收主要信息。其二，增强画面的立体感和空间感。让图形仿佛存在于不同的平面上，营造出丰富的视觉深度，使广告更具吸引力和真实感。其三，突出重点图形和信息。将核心图形置于更显著的层次，能够有效地吸引观众的注意力，强化广告的主题和关键内容。如图3.13所示。

图3.13　Mehdi Saeedi《女士和先生，新的和平符号》

（7）形态节奏对比

广告设计中图形之间的节奏对比指的是不同图形在排列组合、形态变化、色彩运用等方面所呈现出的规律性和变化性的差异。节奏对比可以表现为图形的重复、交替、渐变等有规律的模式与不规则、突变的元素之间的相互对照。节奏对比就是使画面产生节奏感，适合表现乐感、规律化、周期化、轻重缓急等的视觉感受，节奏感构图引用重复、放射等多视觉元素的组合使用，犹如一段音乐中的节奏变化一样产生抑扬顿挫的起伏变化。图形之间的节奏对比能够创造出视觉上的动态感和吸引力，有规律的节奏可以给人一种稳定、和谐的感觉，而突然的变化或不规则的节奏则能带来惊喜和刺激，使观众的目光被牢牢吸引。节奏对比有助于强化信息的传达，通过有节奏的图形变化，可以引导观众的注意力按照设计师预设的路径移动，从而更有效地传递广告的关键信息。它能够营造出独特的情感氛围，舒缓的节奏可能带来宁静、优雅的感受，而强烈的节奏对比则可能传达出活力、激情或紧张的情绪。图形之间的节奏对比是广告设计中增强视觉冲击力、引导观众注意力和传达特定情感的有效手段。如图3.14所示。

图3.14　卡里·碧波《酒后驾驶》

（8）形态曲直对比

广告设计中图形之间的曲直对比指的是不同图形在轮廓线条上所呈现出的明显的曲线与直线的差异。当两个或多个图形在同一广告画面中并存时，如果其中一部分图形主要由流畅、柔和的曲线构成，而另一部分图形则主要由硬朗、笔直的直线构成，就形成了曲直对比。广告设计中的视觉要素曲直对比就是画面视觉要素的刚柔对比，柔和的语言使画面和谐，刚劲的语言使画面硬朗。单一柔和的语言容易弱化画面，单一刚劲的语言容易生硬画面。刚柔效果结合，刚中带柔或柔中带刚形成画面曲直对比，产生画面跳跃又和谐的视觉效果，增强广告设计的冲击力又不失整体性。图形之间的曲直对比能够营造出丰富的视觉效果，曲线通常给人以柔和、优雅、灵动的感觉，而直线则传达出简洁、刚硬、稳定的印象。曲直对比使广告画面既有动态的活泼，又有静态的秩序。曲直对比有助于突出图形的特点和重点，通过将需要强调的元素设计为曲线或直线形态，与其他图形形成鲜明对比，从而吸引观众的注意力。曲直对比能够表达不同的情感和氛围，曲线较多的图形可能营造出温馨、浪漫的情感，而直线为主的图形可能展现出严谨、专业的氛围。如图3.15所示。

图3.15 张雨琦《榜样》

2. 色与色的对比

（1）色彩明度对比

广告设计中色与色之间的明度对比指的是不同颜色在亮度上的差异程度。明度，即颜色的明暗程度，当两种或多种颜色在同一画面中呈现出明显的亮度差别时，就形成了明度对比。广告设计的特点之一就是明度的强烈反差，产生震撼的视觉冲击。广告设计中色彩的明度对比特征非常鲜明，色彩的明度对比强烈有助于增强作品的视觉冲击力。明度对比强，易于识别；明度对比弱，视觉效果弱化。无论作品色彩的色调是亮调、灰调还是暗调，其间的明度差强烈，有助于增强广告作品的视觉冲击力；相反，明度差弱化的作品，不易被人们识别，不利于其信息传达。色与色之间的明度对比是塑造画面焦点和主次关系的有效手段，通过将重要元素设置为较高或较低的明度，使其在画面中突出。明度对比能够增强画面的立体感和空间感，不同明度的颜色组合可以模拟出光线的效果，创造出物体的远近和凹凸感。它对情感和氛围的营造起着关键作用，高明度对比常用于吸引年轻、活力的目标受众；低明度对比则适用于传达成熟、稳重的品牌形象。如图3.16所示。

图3.16 徐宁《珍惜粮食》

（2）色彩纯度对比

广告设计中色与色之间的纯度对比是指不同颜色在纯净程度上的差异比较。当两种或多种颜色在同一广告画面中展现出显著的纯度差别时，就形成了纯度对比。在广告设计中，色彩的选择是减法设计，能够说明问题即可。纯色色彩艳丽、跳跃，具有前进感，但容易造成画面色调生硬、火、花，适当需要和谐弱化的有色灰调和，会得到跳跃和谐的视觉效果。根据画面需要，可以选择以下几种方式：一是高纯度画面（纯纯对比），适当调整画面颜色大小面积关系，亮丽又跳跃；二是高纯度画面（纯灰对比），高纯度画面调入少量灰色，亮丽又和谐；三是灰色画面（灰纯对比），大面积有色灰或无色灰画面点缀少量纯色，和谐又有跳跃，雅致又不乏亮丽；四是灰灰画面（灰灰对比），灰色系列本身的弱对比，画面协调和谐。广告设计色彩之间的纯度对比视觉吸引力增强，高纯度对比的色彩组合往往具有强烈的视觉冲击力，能够迅速抓住观众的眼球。鲜艳且纯度高的颜色在画面中会显得格外突出，成为视觉焦点，而纯度较低的颜色则可以起到衬托和辅助的作用。纯度对比有助于营造特定的氛围和情感。尤其是节日等方面的广告设计，会使用高纯度颜色来营造喜庆和欢快的氛围。如图3.17所示。

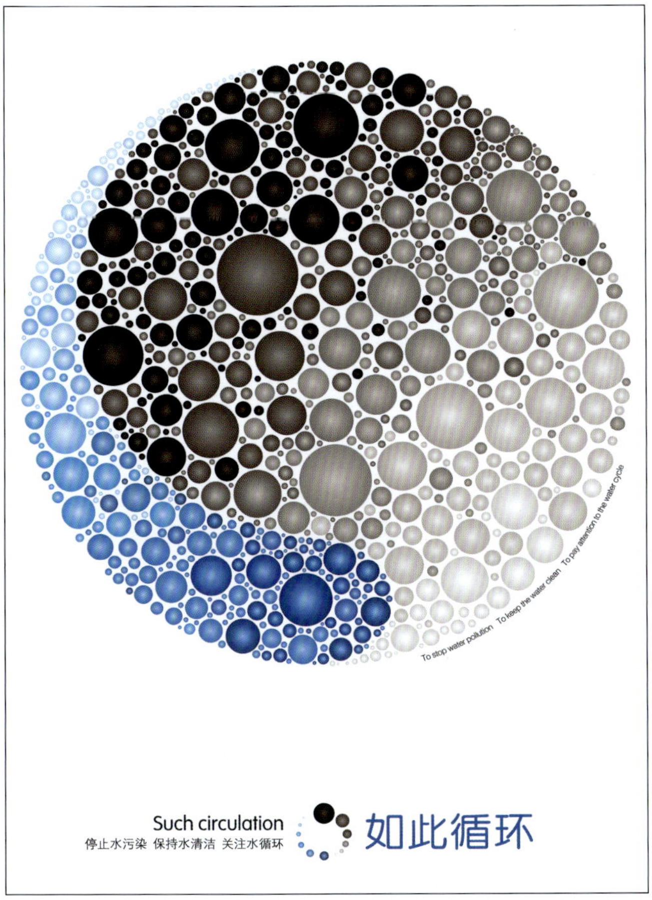

图3.17　霍楷《如此循环》

（3）色彩色相对比

广告设计中色彩的色相对比指的是不同颜色在色相环上所处位置的差异比较。当两种或多种颜色在同一广告画面中呈现出明显的色相差异时，就构成了色相对比。在广告设计中，可以是单色相、多色相的色彩对比关系，单色相可以是单色与白或黑对比关系或无色黑白对比关系，适合表现夸张、深刻、极致对比语言的主题；多色是写实、色彩渐变过渡或色彩并置对比关系，或以简洁为主准确传达信息。多种高纯色混合使用错视成黑灰色的强烈对比，适合表现真实、渲染、艺术效果的主题。色相对比特征非常鲜明，色相对比强烈的颜色组合会产生非常显著的视觉差异，让每种颜色都更加突出和独特。色相对比产生丰富的情感联想，不同的色相往往会引发不同的情感联想，同时也产生强烈的色彩张力，给人留下深刻的印象。色相对比能够极大地增强广告的视觉吸引力，通过巧妙运用色相对比，能够迅速抓住观众的注意力，使广告在众多信息中脱颖而出。色相对比有助于准确传达广告的情感和信息，根据广告的主题和目标受众，选择合适的色相对比，可以引发观众相应的情感共鸣，从而更好地传达广告的意图。如图3.18所示。

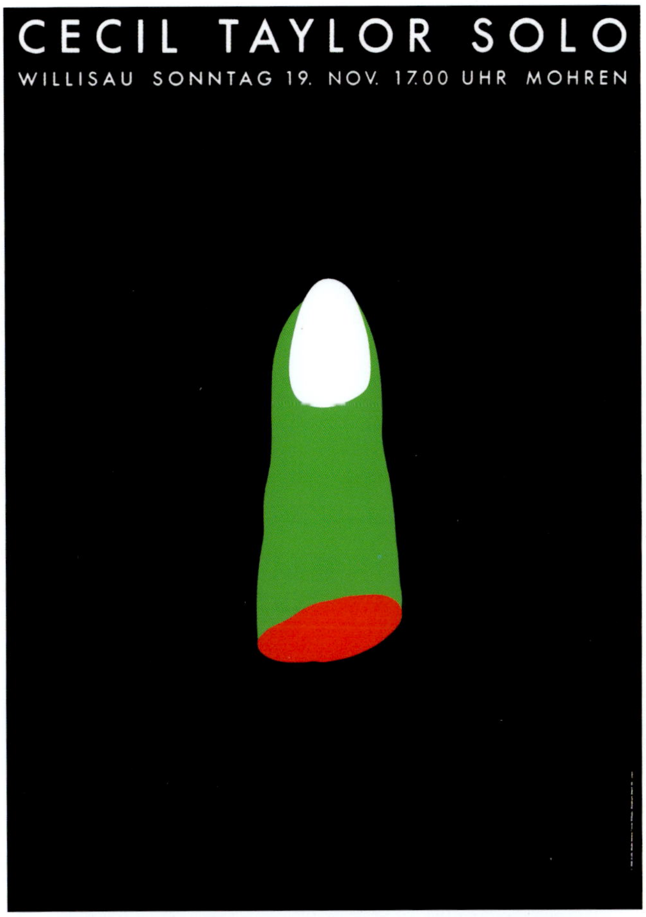

图3.18　尼古拉斯·卓斯乐《塞西尔·泰勒独奏音乐会》

（4）色彩面积对比

广告设计中色与色之间的面积对比指的是不同颜色在广告画面中所占据的空间大小比例的差异。色彩面积的大小对比强化突出视觉元素的主次，大面积、中等面积与小面积色彩的对比，需考虑色彩的明度、纯度与色相关系和主题创意元素，色彩面积的呼应与和谐，画面色彩的整体的协调性，但有时为了加强画面的色彩表现效果，采用较为均等的面积直接对比，设定色彩与色彩之间面积的矛盾与个性对比，产生色彩面积均衡和相互制约的关系，形成绚丽多彩的花色调画面，强化色彩对比效果，产生强烈的块面均衡感。面积较大的颜色通常会在视觉上占据主导地位，对整个画面的氛围和情感产生更大的影响。通过巧妙控制颜色的面积比例，可以强调重要元素或达到整体的视觉平衡。面积较大的颜色其色彩冲击力更强，而面积较小的颜色可能起到点缀或补充的作用。设计师通过让关键信息或主要元素所对应的颜色占据较大面积，来突出重点，引导观众的视线和注意力。面积对比有助于营造和谐或对比强烈的视觉效果，大面积的颜色与小面积的颜色相互协调，会产生和谐统一的感觉。如图3.19所示。

图3.19　周春丽《肤色融合　缤纷世界》

（5）色彩冷暖对比

广告设计中色与色之间的冷暖对比指的是不同颜色在给人的视觉和心理感受上呈现出的冷色调与暖色调的差异对比。冷色调通常包括蓝色、绿色、紫色等，给人以宁静、寒冷、深远的感觉；暖色调则主要有红色、橙色、黄色等，让人感到温暖、热情、活力。当冷色调与暖色调在同一广告画面中显著并存时，就形成了冷暖对比。作品中，冷暖强烈的对比效果有助于画面的色彩感知补差，满足人们的视觉心理。实验证明，在一片暖洋洋的色彩世界中，人们还是希望得到一丝凉爽的色彩感觉；在冰冷刺骨的冷色调中，一丝暖意会产生雪中送炭的视觉效果。完全是暖色调的画面，若对比效果不好则会产生燥气的视觉感受；若是完全冷色调的画面，则会产生低沉的视觉感受。色与色之间的冷暖对比能够有效地突出主题和重点，通过强化主体元素的冷暖色搭配，突出形象的对比效果，可以使主题更加鲜明，吸引观众的注意力。冷暖对比有助于营造独特的氛围和情感基调。同时它也能够丰富画面的层次感和立体感，可以创造出远近、深浅不同的视觉感受，使广告画面更具立体感和纵深感。如图3.20所示。

图3.20　林梦娇《红色沂蒙》

（6）色彩感知对比

广告设计中色彩感知对比指的是不同颜色在引发人们的心理和生理感受上所呈现出的差异对比。这种感觉包括视觉感受、情感联想、文化象征等多个层面，它们所唤起的综合感受存在明显不同，就形成了感觉对比。色彩具有表现力和装饰性特点，在色彩的运用中，根据人对色彩特性的感知表现画面，烘托作品氛围，往往达到更佳的艺术效果。色彩表现的情感丰富，有各种各样的感情，可以根据设计师的主观需要，抽象表现主题画面；也可以根据创意的元素添加与装饰色彩，具有图形和文字所没有的诱惑性。色彩感知对比具有较强的主观性与多样性，由于每个人的经历、文化背景和个人喜好不同，对颜色的感觉存在主观性，导致感觉对比具有多样性。色彩感知能产生深度的情感触动，能够引发从轻松愉悦到紧张压抑等各种不同程度的情感反应。另外，不同的文化和社会环境对颜色赋予了特定的意义，从而影响颜色感觉对比的效果。色彩感知对比能够与目标受众建立深层次的情感连接，精心选择具有特定感觉对比的颜色组合，可以触动受众的内心，增强他们对广告的共鸣和记忆。色彩感知对比有助于塑造独特的品牌个性，通过一贯使用具有特定感觉对比的颜色，来塑造与众不同的品牌形象，从而在消费者心中留下深刻的印象。另外，色彩感知对比能够适应不同的广告场景和目的，通过色彩设计让人感到舒适和安心、安全与警示、兴奋和挑战等不同感觉。如图3.21所示。

图3.21　金特·凯泽《视觉音乐会》

图3.22　金特·凯泽《古典爵士乐》

（7）多彩色的极致对比

在广告设计中，多种色相的极致对比能带来显著的视觉错视和混合效果。这种对比会引发诸如冷暖错视、色相错视、明度错视等，使色彩在感知上产生偏差。极致对比还能产生混合效果，高纯度对比色和互补色对比会让画面产生强烈而醒目的冲击，通过巧妙运用这些视觉错视和混合效果，广告设计能够更好地吸引受众目光，传达特定的情感和信息。这与后印象派绘画的特点具有一定的色彩关联。后印象派用色强调捕捉转瞬即逝的印象，常以自然为主题，色彩纯正、用色断断续续，形成明烈而幻化的效果。印象派画家走出小楼，在露天的环境里写生，这样他们得到的印象更直观，也能更敏捷地抓住白驹过隙的一瞬，尤其是光线的变化。因此，广告设计中多种色相的极致对比与印象派色彩之间存在一定的关系。印象派色彩的特点可以为广告设计中多种色相的极致对比提供灵感和借鉴，使广告设计更加生动、富有活力和吸引力。由此可见，色彩高强度互补、对比及多种色彩混合使用时，人们对色彩的色相识别会变得弱化甚至识别不清，这种现象称之为色彩混合错视，往往会达到近看刺激炫目、色彩斑斓的效果；远看则整体统一、和谐一体的整体感受。广告设计中多种高纯色彩的并置使用，在一定的距离上识别，其并置对比效果与色彩的混合效果产生相似的识别效应，甚至可以产生艺术化、情趣化的斑斓色彩对比，在不同的空间内亦可产生色彩的幻觉，这就是广告设计中高纯色彩极致对比使用时的特殊性，即色彩的混合错视形成的视觉效应。如图3.22所示。

3. 表现手法的对比

（1）单一表现手法的和谐应用

广告设计中单一表现手法指的是在一则广告的创作过程中，主要依赖并突出运用某一种特定的设计技巧、元素或方式来传达信息和表达主题。单一表现手法能够将所有形象采用一种手法表现，风格更协调、形象更整体，形成较为纯粹和统一的设计风格。同时，由于只运用一种表现手法，信息传达相对简单明了，观众能够迅速捕捉到关键内容。单一的表现手法本身没有其他表现手法的对比，自身协调性强，画面视觉效果表现为整体感强烈。这种单一的表现手法不需要任何手法的添加与装饰，就能达到和谐的统一效果，极为实用，如冈特·兰堡的创意摄影表现、秋山孝的速写图形表现等，不需要任何的添加与装饰，言简意赅；但如果表现主题不恰当、不准确则有时也能造成画面单一、呆板的视觉效果。单一表现手法能够强化信息的传达效果，通过专注于一种表现手法，避免了多种手法可能带来的混乱和干扰，使观众更容易专注于广告所要表达的核心信息。这种手法有助于塑造独特的视觉形象，鲜明且一致的表现方式能够在观众心中留下深刻的记忆点，增强广告的辨识度。如图3.23所示。

（2）两种表现手法的对比

广告设计中两种表现手法指的是在一则广告的创作中，有意识地融合并运用两种不同的表现技巧加工制作的作品，以协同传达广告的信息和主题。其特征比较鲜明，两种手法形成互补与协同，风格相互补充，发挥各自的优势，共同增强广告的表现力和吸引力；形成丰富与变化的艺术效果，避免了单一手法可能带来的单调，为广告增添了更多层次和变化；产生平衡与融合，在两种手法之间找到恰当的平衡，使其融合自然，不产生视觉冲突。两种表现手法在广告设计中非常常见，它避免了单一表现手法的单调，同时也不如多种表现手法那样的丰富多样，两种手法恰到好处。首先，它通过两种手法在两个角度进行艺术呈现，使观众获得较为丰富的艺术认知；其次，这种结合增加了广告设计表现手法的趣味性和新颖性，吸引观众的注意力；最后，两种表现手法的融合有助于适应不同受众的审美和理解需求，实现广告设计手法的均衡与多元效果。可见，两种表现手法的合理运用为广告设计提供了更多的可能性和创造力，能够更好地满足受众的视觉需求。如图3.24所示。

（3）多种表现手法的对比

广告设计中多种表现手法指的是在一则广告的创意与呈现过程里，综合运用三种或更多不同类型的设计手法或技巧创作完成的作品，以达到丰富、全面且富有创意地传达广告信息与主题的目的。多种表现手法融合了众多不同的设计技巧和手法，使广告画面充满丰富的细节和多样的表现形式。画面中有时需要烘托效果、渲染气氛，可以几种表现手法对比综合使用。多种表现手法综合运用或者强化一种表现手法为主其他表现手法为辅的画面，会使画面表现手法丰富多样，增加作品的活跃性。表现手法是熟练程度的把握、表现力度的把握与和谐画面的把握，若是表现手法繁多则会造成

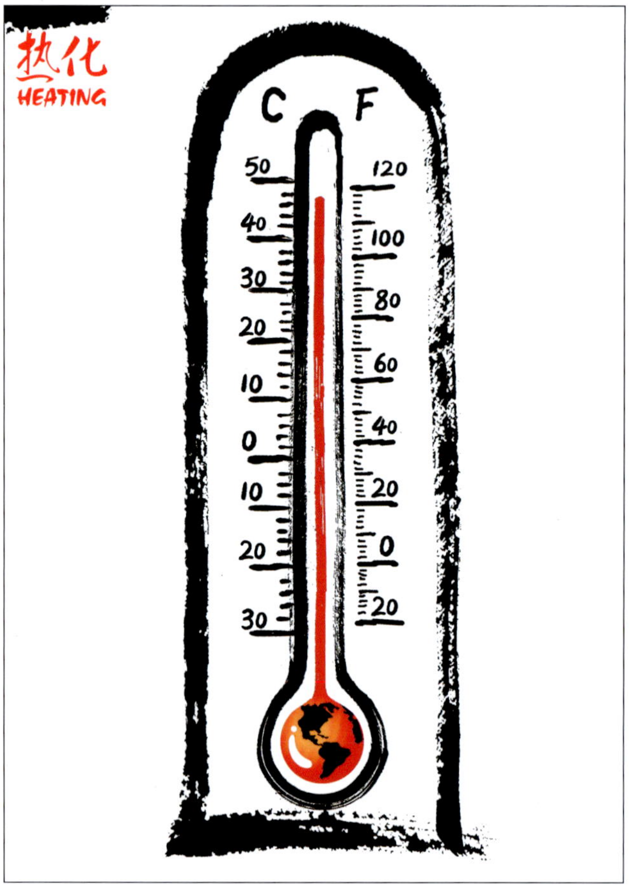

图3.23　韩雪《热化》

图3.24　靳埭强《铁塔》

图3.25　横尾忠则《日本制造》

画面凌乱无主，因此需要表现手法度的把握。多种表现手法最大程度地满足不同受众对艺术表现的需求和喜好，这种手法能够充分展现广告主题的多面性和复杂性，对于一些具有丰富主题内涵和多样特点的广告设计，多种表现手法可以更全面、深入地进行阐释。同时，它有助于营造强烈的视觉冲击和深刻的记忆点，通过多种手法的巧妙组合，创造出独特而令人难忘的视觉效果，使广告在众多竞争对手中脱颖而出。如图3.25所示。

二、呼应在广告设计中的应用

1. 形式的呼应

（1）形式语言的和谐布局

广告设计中形式语言的和谐布局意味着在广告的视觉呈现中，对包括图形、文字、色彩、线条、留白等各种元素进行精准且巧妙的编排组合，使这些元素之间相互呼应、彼此协调，共同构建出一个在视觉上流畅、平衡、统一且具有吸引力的整体画面。这种和谐布局并非简单地将元素拼凑在一起，而是要考虑到每个元素的特性、功能以及它们之间的关系。比如图形的形状和大小要与文字的字体和字号相匹配，色彩的搭配要符合整体的情感氛围和品牌形象，线条的运用要引导观众的视线流动，留白的处理要营造出适当的呼吸感和节奏感。通过精心地规划和调整，让各个元素在有限的空间内发挥最大的作用，共同传达出清晰、明确且富有感染力的信息。多种具象视觉语言的出现需要形式语言的处理来完成它们的存在与构成状态，我们常常论及到的形式语言有均衡、对称、动感、渐变、空间、层次、韵律、大小、方向、面积、对位、疏密、软硬、肌理、质感、曲直等因素，存在一幅画面内，它们之间或远或近、或大或小地产生对比关系，而呼应就是解决对比不协调的和谐的度。呼应就是视觉语言的重复主次出现点缀空间，从而达到二维空间的重心居中、稳定与视觉平衡，解决的是协调关系、和谐关系。

和谐布局在广告设计中具有不可忽视的重要性。首先，它能够极大地提升广告的视觉吸引力。一个布局和谐的广告会在第一时间抓住观众的眼球，使其愿意驻足观看，而不是被混乱或不协调的画面所排斥。其次，有助于准确传达信息。当元素之间相互配合、有序排列时，观众能够更轻松地理解广告所要表达的核心内容，减少信息传递过程中的误解和障碍。再者，和谐布局能够塑造和强化品牌形象。统一、协调的视觉风格能够让品牌在观众心中留下深刻而一致的印象，增强品牌的辨识度和记忆度。最后，它还能影响观众的情感反应。舒适、美观的布局会让观众产生积极的情感体验，从而对广告所推广的产品或服务产生好感和兴趣，促进购买欲望的产生。如图3.26所示。

图3.26　雷克狮《穷与富》

（2）形式语言对比与呼应

广告设计中形式语言的对比与呼应指的是通过巧妙运用各种视觉元素之间的差异和相似性，以创造出富有张力和统一的视觉效果。对比强调元素之间的显著差异，如大小、形状、颜色、质地等方面的不同；呼应则体现为元素之间在某些特征或主题上的相似性和关联性。对比与呼应的形式语言并非孤立存在，而是相互交织、相辅相成的。通过强烈的对比，可以突出重点、吸引注意力，使关键元素在众多信息中脱颖而出。如在色彩运用上，使用鲜明的冷暖对比，或者在图形设计中，采用大小悬殊的图形组合。同时，呼应则在差异中建立起内在的联系，增强整体的和谐性和连贯性，在不同部分使用相同的色彩与相似的图形元素，或者在文字表述上保持一定的风格统一，将对比之下的形式语言进一步协调处理，实现和谐的画面效果。

对比与呼应这种形式语言在处理广告设计的形式关系尤为重要，这需要对形式规律具有较深的理解和把握，需要对比和呼应关系处理得恰到好处。首先，对比与呼应能够增强广告的视觉冲击力。鲜明的对比能瞬间抓住观众的目光，而呼应又能避免视觉上的过度冲突，使广告既引人注目又不失和谐。其次，它有助于有效地传达信息。突出的对比可以强调核心信息，而呼应则使各个部分相互关联，让观众能够更清晰地理解广告的整体意图和重点。再者，对比与呼应能够塑造独特的品牌形象。通过在设计中一贯地运用特定的对比与呼应模式，形成独特的视觉风格，从而在消费者心中留下深刻的品牌印象。最后，它能够提升广告的艺术感染力和审美价值，使广告不仅是信息的传递工具，更是一件具有吸引力的艺术作品。如图3.27所示。

2. 色彩的呼应

（1）色彩面积的呼应与协调

广告设计中色彩面积的呼应与协调指的是在同一广告画面里，不同区域所运用的色彩在面积比例上存在着相互关联和相互适配的关系。这种关系表现为某些色彩在较大面积上的运用与其他色彩在较小面积上的出现形成呼应，并且整体

图3.27 李炎《廉如清水》

色彩的分布在视觉上达到一种平衡与和谐的状态。色彩面积的呼应并非简单的重复，而是通过巧妙地分配不同色彩的占比，使得它们在视觉上相互关联、相互补充。协调则体现在这些不同面积的色彩组合在一起时，不会产生冲突或刺眼的感觉，而是共同营造出一个统一、舒适的视觉效果。作品中形象色彩的附着犹如服饰，起到渲染画面、加深表现、促进传达的作用。整体色调的使用，决定着画面的色彩关系，是色彩传达的决定力量；而局部形象色彩的使用则起到装饰、点缀和补充的作用。画面的分割产生主次、大小关系，色彩的附着也同样产生主次、大小关系，色彩点缀是根据主题色彩进行补充的。在多个面积色彩与色彩的分离呼应时，出现大面积的色彩，若采用少面积的色彩与之相呼应或相悖使用，会使画面协调、和谐、整体，产生和谐的画面或是万绿丛中一点红的视觉效果。

色彩面积的呼应与协调，检验设计师对色彩管理与应用的能力，对广告设计效果意义重大。首先，处理好呼应与协调关系可以增强广告的视觉吸引力和冲击力。恰当的色彩面积搭配能够迅速抓住观众的注意力，使广告在众多信息中脱颖而出。其次，处理好呼应与协调关系有助于准确传达广告的情感和信息。不同色彩面积的和谐效果可以营造出特定的氛围和情感倾向，从而更好地与广告的主题和目标相契合，让观众更直观地理解广告所要表达的核心内容。再者，处理好呼应与协调关系能够提升画面的辨识度和艺术性。通过在一系列广告中保持独特而协调的色彩面积处理，能够提升画面艺术效果，塑造广告设计视觉形象。最后，这种呼应与协调能够给观众带来良好的视觉体验，避免因色彩搭配不当而造成的视觉反感，从而带动和提升大众的艺术审美。如图3.28所示。

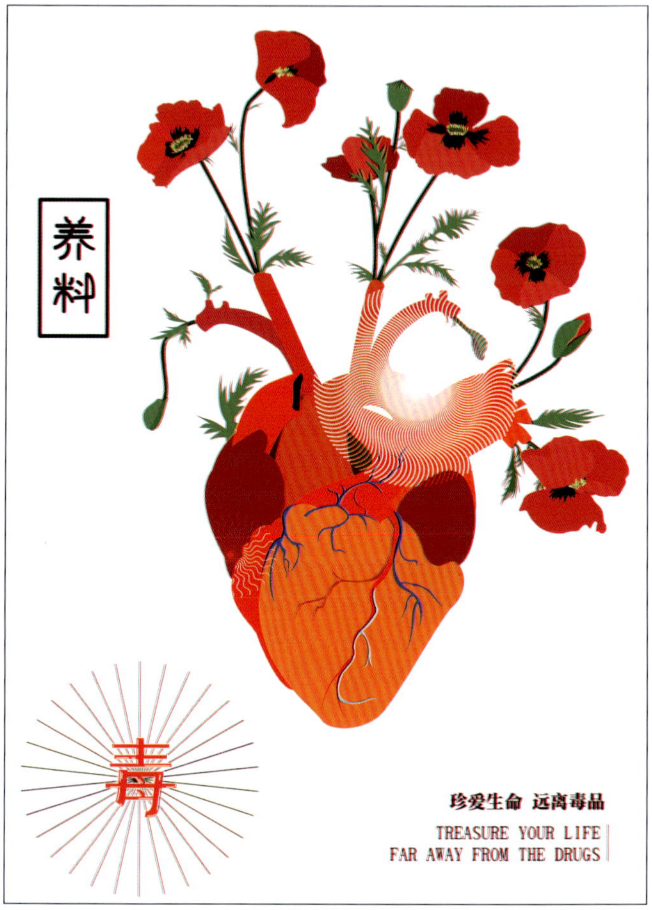

图3.28 赵芷莹《养料》

（2）色相的呼应与协调

广告设计中色相的呼应与协调是在同一广告作品中，所运用的不同色相之间存在着明显的相互关联和适配关系。这种呼应与协调表现为不同色相在画面中的分布和组合方式，它们相互作用，形成一个整体和谐且富有层次的色彩架构。色相的呼应与协调是经过精心策划的安排，通过重复使用某些主色相来强化主题，运用相邻色相营造出柔和过渡的效果，采用互补色相形成强烈的对比和视觉冲击，它们在整体画面中能够相互融合，不产生突兀或不和谐的视觉感受。在画面中，色相对比产生跳跃感，而多种视觉形象地出现则产生主体色相对比与辅助色相对比之间的关系，主要色相对比中出现的色彩与次要色相对比中的色彩应和谐一致，即大面积的红色若有小面积的红色与之相呼应则会更加和谐；若大面积的红黄对比，采用少面积的红黄对比则更加统一。色相不完全附着在形象上，有时是单独的抽象色块的色彩关系，或者完全色彩对比的画面，这就需要单独对比与协调色彩之间的大小、主次、虚实关系，使之和谐统一。色彩和色彩的对比产生错视，多种高纯色的对比多半是解决明度的关系，错视成黑白灰的对比，因此色彩的呼应也是解决多彩的纯色明度间的呼应与协调。

色相的呼应与协调在广告设计中体现了设计师对色相感

的把握。其一，处理好色相的呼应与协调能够极大地提升广告的视觉吸引力。和谐且富有变化的色相组合能够迅速抓住观众的眼球，激发他们的兴趣和好奇心。其二，多色相的和谐处理有助于精准地传达广告设计的情感和信息。不同的色相组合会引发不同的情感联想，通过精心选择和安排色相，能够准确地传达出广告想要表达的情感基调，增强与观众的情感共鸣。其三，多色相的和谐处理能够强化设计的独特形象，增强色彩的形式感和表现力。通过特定的色相呼应与协调，形成和谐而又独具艺术性的广告设计色彩搭配样式。其四，这种呼应与协调能够为观众创造出舒适的视觉体验，避免因色相冲突而导致的视觉不适。如图3.29所示。

图3.29　赵芷莹《树・说》

3. 表现手法的呼应

（1）表现手法的矛盾设定

广告设计中表现手法的矛盾设定是指精心策划并呈现出相互对立、冲突的表现手法或形式，同时又通过巧妙的设计手段使这些矛盾元素在整体上达到一种平衡、和谐且相互关联的状态；是在深入理解这些表现手法特性的基础上，有意识地制造出强烈的视觉反差。表现手法的矛盾设定并不是为了制造混乱，而是通过巧妙地将看似不相容的元素并置，创造出一种独特的视觉和心理张力。将多种手法矛盾的元素组合在一起，在视觉上形成强烈的对比，吸引观众的注意力，激发他们的好奇心和思考。同时，通过巧妙的设计处理，使这些矛盾元素在更深层次上相互补充、相互诠释，形成一个独特而富有内涵的整体。表现手法是广告设计具象三要素之一，是实现广告设计的媒介。作品中有的采用一种表现手法单一地完成画面，有的采用两种表现手法对比完成画面，有的采用三种、多种表现手法完成画面。除了单一表现手法外，只要表现方式不同，则画面的实现产生矛盾，这种矛盾是使画面表现丰富多彩、跳跃活泼的因素之一，只是根据不同主题内涵要求，设定不同的表现手法。如图3.30所示。

图3.30　冈特・兰堡《信息的运用》

（2）表现手法的呼应与协调

广告设计中表现手法的呼应与协调是在广告的创作过程中，通过各种设计元素和技巧的运用，使不同部分之间存在着明显的关联和适配，从而达到整体视觉和情感上的和谐统一。表现手法的呼应与协调表现在广告设计中的不同表现手法之间，为了融合彼此的矛盾需要协调其表现风格融为一体。在表现手法呈现时，彼此之间虽然存在不同手法，但达到视觉效果主次分明、和谐融合的成效，不会产生冲突或突兀的感觉。画面中，表现手法的补充、点缀是以画面整体和谐为原则的，若主体视觉形象采用视觉语言A，则次要视觉形象的视觉语言也应该采用视觉语言A或与之相似的手法进行呼应，使之达到和谐融合的一体。譬如，画面图形形象部分以绘画、肌理语言为主要表现手法，则辅助、补充的文字、图形部分可以采用绘画、肌理的表现手法与之相呼应，增强作品表现力与和谐性，增加画面协同感。如图3.31所示。

图3.31　王迪《保护动物》系列

4. 艺术风格的呼应

（1）风格化与广告设计

广告设计中风格化指的是在广告创作中，形成一种具有独特且鲜明特征的表现形式和视觉语言，这种特征能够区别于其他广告，使该广告在众多竞争作品中脱颖而出，并给观众留下深刻的印象。风格化是基于设计师的文化积淀、艺术素养，对目标受众、主题内涵等多方面因素的深入理解和精准把握。体现在广告设计色彩运用、图形设计、字体选择、构图方式、表现手法等方面。通过这些元素的独特组合和创新运用，形成统一且具有辨识度的风格。如极简主义风格，以简洁的线条和纯净的色彩来突出产品的精致；复古风格唤起人们对过去的情感回忆，从而建立与品牌的情感联系。风格的形成是设计师摆脱各种模式化的束缚、作品达到成熟的标志，因此，优秀的广告设计，是个性的、独特的、把握画面能力强的综合表现体，形成各具特色的原创风格化作品。各具风格的优秀广告设计作品也是一件优秀的艺术品，被国内外众多招贴博物馆（如北京艺术设计博物馆、波兰华沙招贴博物馆、丹麦招贴博物馆、芬兰拉荷蒂招贴博物馆等）收藏和发表，虽然在短时间内识别却给人们留下长久的印象，作为独到风格的艺术品成为时代、社会、历史的见证和后人永久学习的榜样。因此，优秀的广告设计具有独特的风格，而人们接受的独特风格的作品也成为了优秀的作品。

风格化的广告设计作品，首先能够增强广告的记忆度。在信息过载的时代，独特的风格能够让广告在观众的脑海中留下深刻的痕迹，提高品牌和产品被记住的可能性。其次，有助于塑造品牌形象。统一且独特的风格能够赋予品牌个性和特色，使品牌在消费者心中建立起清晰、独特的认知。再者，风格化能够吸引目标受众。与目标受众审美和情感需求相契合的风格，能够引起他们的共鸣，从而提高广告的吸引力和影响力。最后，它可以提升广告的传播效果。鲜明的风格容易在社交媒体等渠道上引起话题和分享，扩大广告的传播范围和影响力。如图3.32所示。

图3.32　朱雨桐《“莲”脉廉行》系列

（2）风格的冲突与和谐

广告设计中风格的冲突与和谐是将两种或多种具有显著差异甚至相互对立的设计风格，在同一广告作品中进行融合与呈现，并且达到一种既存在张力和对比，又保持整体协调与统一的状态。风格的冲突体现在不同风格所带来的视觉、情感和文化等方面的差异，现代简约风格与古典华丽风格的碰撞，或者抽象表现主义风格与写实主义风格的并置都能看出风格的冲突与对比。而和谐并非消除这些差异，而是在尊重和保留各自风格特点的基础上，通过巧妙的布局、色彩搭配、元素组合等手段，使它们能够相互补充、相互映衬，共同为传达广告的核心信息和营造特定的氛围服务。一张作品中，独到的表现、个性的版面控制形成个性风格，而广告作品中，有的画面表现手法单一、形式简洁，有的画面表现手法个性、丰富，形式复杂，风格多样，这就在有限的空间内需要和谐呼应画面特点，需要重复出现的主次表现因素。在画面表现多样、风格冲突时，就要注意主次关系，局部服从整体，少数服从多数的表现效果，使画面表现特征的控制达到视觉效果整合为一体。

这种冲突与和谐的设计风格的探索与尝试，对于广告设计作品的和谐性具有重要作用。其一，它能够创造出独特而又和谐的视觉吸引力。打破常规的风格组合能够迅速抓住观众的眼球，使广告在众多同质化的作品中脱颖而出。其二，激发观众的情感共鸣和思考。冲突元素引发的好奇与不和谐感，会促使观众更深入地探究广告的内涵，而和谐的部分则给予他们一种在冲突中找到平衡和美的满足感。其三，展示广告设计的多元性和创新精神。敢于融合不同风格的主题与作品，向大众传达出其开放、包容和勇于突破的形象。其四，适应复杂多变的社会和受众需求。不同风格的碰撞与协调能够满足不同受众的审美偏好。如图3.33所示。

图3.33　周春丽《国韵文明——佳节篇》系列

三、整合在广告设计中的应用

1. 形态整合统一

（1）概括提炼

图形的提炼概括是指对原始的、复杂的或多样化的图形素材进行筛选、简化和整合，以提取出最能准确传达核心信息、具有代表性和象征意义的图形元素。图形的提炼概括并非是简单地删减图形内容，而是一个深入分析和理解的过程。从大量的视觉信息中，辨别出关键的特征和本质的元素，涉及对物体的形状、线条、色彩、纹理等方面进行简化和优化，去除冗余和次要的部分，突出主要的形态和特征。通过这种方式，使图形更加简洁、清晰，更易于被观众理解和记住。提炼概括后的图形能够在有限的空间和时间内，迅速有效地传递出广告的重点信息，吸引观众的注意力，并引发他们的兴趣和联想。概括、提炼事物的形体整合，既可以是单一视觉形态的简化处理，又可以是多种视觉形态的整体凝练整合，通过提炼概括的手法，其结果达到了图形简化的目的。无论设计师还是观者，都不喜欢那种混乱无序的形象，所以，作品简洁的图形，对于表现作品整体感与和谐感是十分重要的。通过概括和提炼来简化形象，可以采用平面化、抽象化强化主体形象处理，使整合后的视觉元素能更好地体现视觉传达的要求，加速视觉信息的传递。如图3.34所示。

图3.34　赵芷莹《清如水　明如镜》

（2）形体感整合

图形的形体感整合指的是将多个具有不同形态、结构和特征的图形元素，通过有目的的组织、组合和融合，使其在视觉上形成具有统一、协调和整体感的新图形形象。形体感整合是分析各个图形元素的形状、大小、比例、方向等特性，寻找它们之间的内在联系和共同点。然后运用各种设计手法，如并置、重叠、穿插、变形、拼接等，将这些元素进行巧妙的组合。在整合过程中，要注重保持图形的视觉平衡、韵律和节奏感，使整合后的图形不仅在形式上完整统一，还能够在视觉上产生强烈的冲击力和吸引力。通过形体感整合，广告图形能够以更丰富、更具表现力的方式传递信息，引发观众的情感共鸣和认知反应。形体包括形态和体态、二维和三维；作品中的设计插图语言有摄影语言、矢量插图、绘画语言、平面图形等。这些设计插图语言可以用单一形象表现画面，给人整合、突出的视觉效果；若多种视觉语言同时共存时，也可以用多种形体语言组合塑造形象，形成统一的整合形体，使得画面整体和谐统一，局部各自为战，达到广告设计画面形体的整合，统一与对比并存，既和谐又跳跃，形体感强烈。如图3.35系列。

图3.35　赵胜男《节约粮食》系列

（3）绝对优势整合

图形的绝对优势整合是一种有针对性的设计策略，旨在突出主要图形元素的主导地位和重要性，同时降低或弱化次要图形元素的视觉影响力，以确保观众的注意力能够迅速且集中地被主体图形所吸引。设计师对图形元素进行筛选，确定关键信息和引起观众兴趣最为关键，将其定义为主图形元素。通过增大主体图形的尺寸、增强色彩对比度、提高清晰度和细节表现等手法来强化主体。对于次要元素，则采取缩小尺寸、降低色彩饱和度、模糊细节或使其处于背景位置等相反的处理方式。通过鲜明对比，使主体图形在视觉上占据绝对优势，从而有效地引导观众的视线和思维，让他们能够快速理解广告的重点内容。这种绝对优势整合的方法能够在有限的广告空间和时间内，最大程度地提高信息传达的效率和效果，增强广告的影响力和吸引力。广告设计中的视觉语言，有时为了彰显局部特征

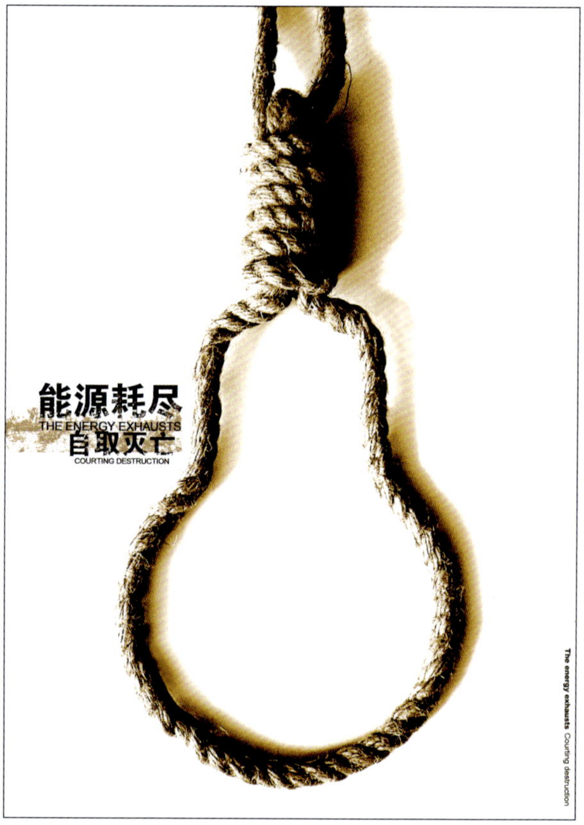

图3.36　韩雪《能源耗尽　自取灭亡》

或抓住形象主要特点时，应适当强化主体形象，削弱其他视觉语言，使画面个性突出、优势表现，削弱次要矛盾；用优势语言突出、准确表现主题，形成强烈以图说理或极具张力的优势表现的画面。绝对优势不仅能夸张主体形象特征，强化视觉形象，使画面主次分明、张驰有到，准确传达有效的视觉信息，还能解决画面中大小对比的形式感问题。此外，绝对优势的次要视觉语言部分能起到装饰、点缀的作用，使得画面形象，色彩、版面视觉重心稳定，优势互补。如图3.36所示。

（4）视觉混合整合

图形的视觉混合整合是指将两个或多个独立的图形元素，通过巧妙的设计手法和处理方式，使其在视觉上相互融合、交织，最终呈现出一个看似单一但又包含多个元素特征的全新图形。视觉混合整合根据每个图形的形状、线条、色彩、纹理等特性，根据它们之间的共通点进行整合，让这些图形元素逐渐融合在一起，形成一个新的、具有独特视觉效果的整体。在这个整合后的图形中，原本独立的图形元素的特征依然能够被感知，但它们又共同构成了一个和谐统一的新形象。视觉混合整合能够为广告带来独特的视觉吸引力，使观众更容易记住和理解广告所传达的复杂信息，增强广告的传播效果和影响力。广告设计中的造型语言若出现多种形象时，可以对多种视觉形象密集混合表现，形成整体块面之感，使得画面整体感强又不乏细节表现，达到画面形象跳跃、活泼而又整体和谐的视觉感受。一般用于表现活泼、艺术、个性、新潮、叛逆等范畴，具有强烈的个性形式特征和表现特点。视觉混合的出现，打破了形象规范化的编辑现状，或产生蒙太奇的维度变化与空间混合，这些视觉语言的组合，不是解构的重组，而是风马牛不相及的维度的组合，在平淡中求变化，在共性中求个性，从中，能看到设计作品的风格追求与个性表现。如图3.37所示。

图3.37　查斯・美威因・大卫《我们对我们的群体与环境负有责任》

2. 解构与重组整合

（1）解构

图形解构指的是将原本完整、规则的图形进行分解、打散，打破其固有的结构和形态，使其成为分散的、碎片化的元素组合，是对图形元素进行分析并有目的的分解。法国后现代思想的代表人物、解构主义的领袖雅克・德里达，以非常清楚的语言回答解构这一词，不应该以拆解(dessoudre)或摧毁(détruire)之意来理解，而是去分析形塑我们思考的论述元素和分析长期沉淀的哲学论述结构。在《解构主义设计》中，“根据马丁・海德尔的论断，解构具有‘分析’

‘翻掘’‘揭示’之意”；“埃森曼把解构称为‘扰乱了的完美’，可以把这种倾向表达得最为‘完美’”。广告设计的解构意义是把视觉元素进行有目的的分解，既不失原有的特点又有其创新意义。这些被打散的元素经过重新组合和排列，会产生丰富多样的变化。这种变化体现在图形的形状、比例、位置和方向等方面。一个圆形的图案可能被解构为多个弧形的片段，再以不同的方式重新拼接，形成新的、具有独特视觉效果的图形。解构后的图形往往能够突破传统的视觉模式，给人带来新奇和独特的感受，吸引观众的注意力，激发他们的好奇心和探索欲望。同时，图形解构也为设计师提供了更多的创意可能性，使其能够创造出更具表现力和个性化的广告作品，有效地传达广告信息和品牌理念。如图3.38所示。

图3.38　王荧《权力不是蛋糕》

（2）重组

图形重组是指将经过打散处理后的图形元素，依据新的创意和设计思路，重新进行排列、组合和构建，形成一个全新的、具有独特视觉效果和内涵的图形，旨在将各种解构的视觉元素有次序、有目的地组合到一起，形成一幅完整、和谐的画面。单一语言的解构与重组既是继承与创新的结合，又是创意、形式、表现语言的整合。重组包括改变元素的相对位置、大小比例、方向角度，或者添加新的元素来补充和完善重组后的图形。通过巧妙的重组，让原本分散的图形元素能够产生全新的视觉关系和意义。图形重组能够赋予图形新的生命和价值，创造出令人意想不到的视觉效果，吸引观众的目光，引发他们的思考和联想，从而有效地传达广告信息，增强广告的影响力和传播效果。重组开创了视觉语言的重新再造，形成了新颖的、扰乱了的秩序美，或风马牛不相及的形式美，这些表面看似不相关而实质上组合起来的视觉元素，给人以意料之外，却又情理之中的意趣、新颖和离奇的美。重组，不是简单的拼贴，而是在视觉物件中经过设计师的表形、表意等去寻找他们本质的、内在的联系，正是这些桥梁作用使之成为融合的整体，给人一种超现实之感。图3.39所示。

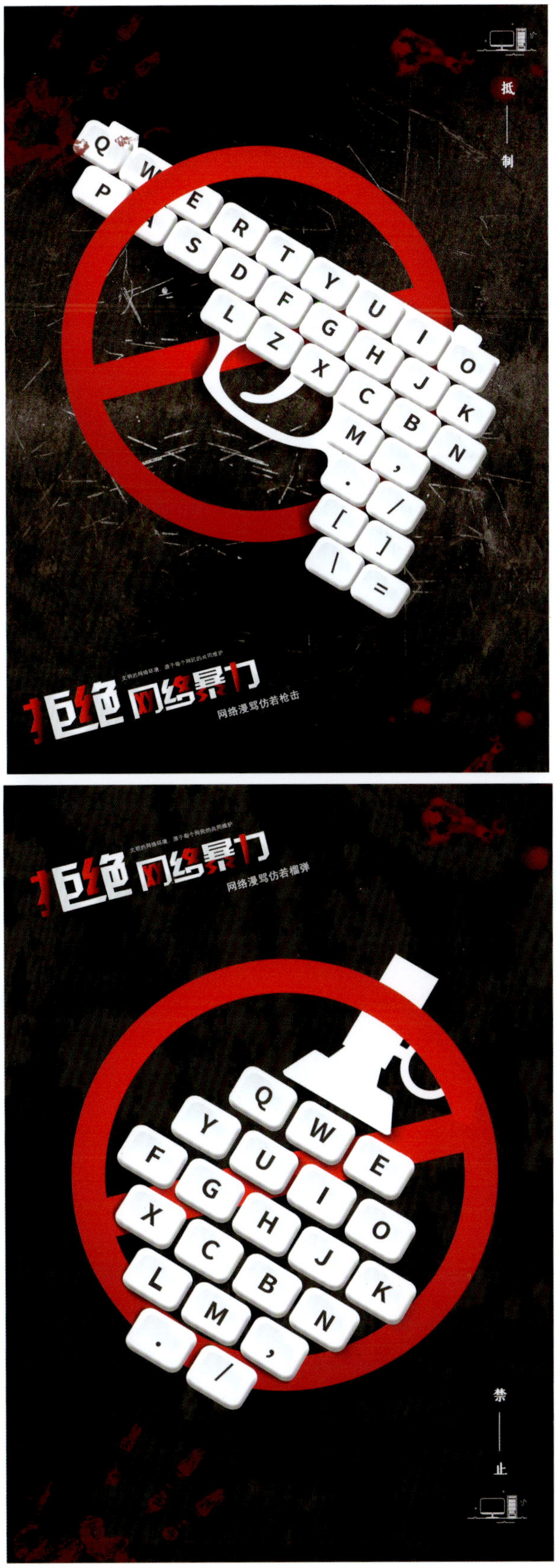

图3.39　姜梦昕《拒绝网络暴力》系列

3. 表现手法整合

（1）整合视觉诸要素同一表现手法的关系

同一表现手法能够使视觉诸要素（包括色彩、图形、文字、排版等）表现手法上达到高度的一致性和协调性，它们相互呼应、互为整体，共同为传达广告的核心信息和营造特定的氛围服务。选择同一表现手法，图形简洁明了、文字精炼扼要、表现手法和谐，这种一致性能够强化广告的整体形象，避免因要素之间的风格差异而导致的视觉混乱。同一表现手法还有助于突出广告的主题和情感基调，使得各个视觉要素紧密围绕这一主题和情感进行呈现，增强广告的感染力和说服力。观众在接触这样的广告时，能够更迅速、更清晰地理解和感受到广告想要传达的核心内容。同一表现手法在画面中的整合效果较为和谐，在整体统一中为丰富画面视觉效果，就需要对装饰与点缀的大中小的手法的协调对比使用，例如单一绘画语言的广告设计作品，整体语言帅气又和谐，充满动感与力量，在视觉语言中把握视觉诸要素的表现手法的和谐对比与装饰点缀。如图3.40所示。

（2）整合视觉诸要素不同表现手法的关系

广告设计作品为了烘托氛围或增强对比效果或深入表现主题，往往采用两种或多种手法表现画面。但各种表现手法存在各自独立性，需要按照一定的关系进行整合处理。整合视觉诸要素不同表现手法的关系是将色彩、图形、文字等的表现手法进行优化整合，以达到协同传达广告信息的目的。这些不同的表现手法相互作用、互为补充。它们通过差异和对比，强化了视觉元素之间的层次感和节奏感。强烈而醒目的手法能够瞬间吸引观众的注意力，而细腻和含蓄的手法则在后续的观赏中逐渐展现出深度和内涵。多种手法同时使用，可通过以下几种方法实现：一是一种手法为主，其他手法为辅。强化主要表现手法、削弱次要表现手法。二是统一手法间的矛盾。将各种不同的表现手法强烈统一于一种形象

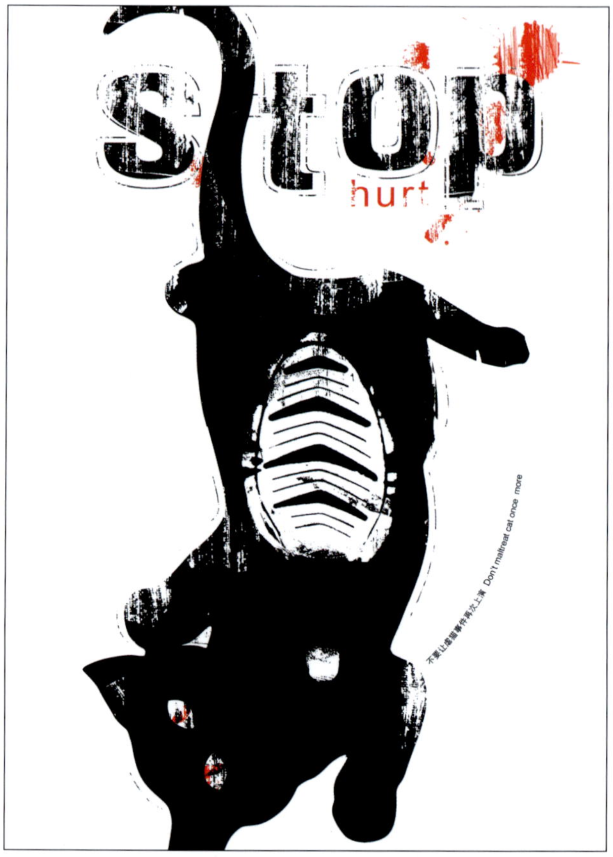

图3.40　许晓艳《停止虐猫》

图3.41　孙鑫瑶《保护濒危动物》系列

之中，形成乱中有序之美，各种矛盾相互抵消，形成跳跃又和谐的视觉效果。三是制造手法间的矛盾冲突。让冲突的表现手法以绝对优势及点缀的形式出现，营造万绿丛中一点红的视觉效果，丰富画面。如图3.41系列。

4. 形式构成整合

（1）单一性形式语言的和谐应用

单一形式语言的和谐应用指的是在广告创作过程中，仅仅依靠一种构成形式进行精心设计排版，使其在广告作品中达到内部的协调统一和视觉上的平衡美感。单一性形式语言中的单一，并不是单调，而是构成存在的形式统一。这并非简单地编排构成形式，而是深入挖掘单一形式的深入性和表现力。按照一种构图、版式编排对图形的变形、重复、组合等编辑，构建出富有韵律和节奏感的画面。单一形式语言的和谐应用能够突出重点，使观众的注意力更加集中在这一核心元素上，从而更有效地传达广告信息。它可以营造出简洁而纯粹的视觉氛围，避免过多元素带来的干扰和混乱。画面中单一形式构成语言的应用，使画面和谐、整体，适合于表现极为整体、和谐的主题，形式语言正式、直接。例如单一的点化、线化或面化的语言形成的构成对比关系表现的画面，促进形式感的高度统一与协调，但要注意单一形式语言中的图形、色彩、文字的对比与跳跃感。如图3.42所示。

图3.42　郃易萱《极致轻薄　乐趣无限》系列

（2）规律性形式语言的统一

广告设计规律性形式语言的统一整合是指将具有一定规则、模式或秩序的形式语言元素（如重复的图案、有节奏的线条、统一的色彩搭配等），进行系统地组织和融合，形成一个具有高度一致性和整体性的广告视觉表达。通过重复、渐变、对称等规律手法，重复使用相同或相似的图形元素，使各个形式的语言元素相互关联、相互呼应营造出强烈的节奏感和秩序感。用秩序化、节奏化、韵律化的语言表现画面时，画面产生规律性，这种多样化的规律语言表现为渐变、放射或有规律地排列成不同形式造型等，画面综合效果比较整体又不乏细节表现。规律性的表现形式使画面秩序分明、节奏感强烈，犹如排比般一浪高于一浪重复出现的秩序，因此很有表现力，是多种视觉语言的规律性和谐整合。规律性形式语言的统一整合能够为广告带来清晰、明确的视觉结构，增强其可识别性和记忆性。观众能够迅速捕捉到这种规律，并在潜意识中建立起对广告的整体认知。同时，这种统一整合有助于传递稳定、可靠的品牌形象，给人以专业和值得信赖的感觉。如图3.43所示。

图 3.43　卡里·碧波《2000年的信号》

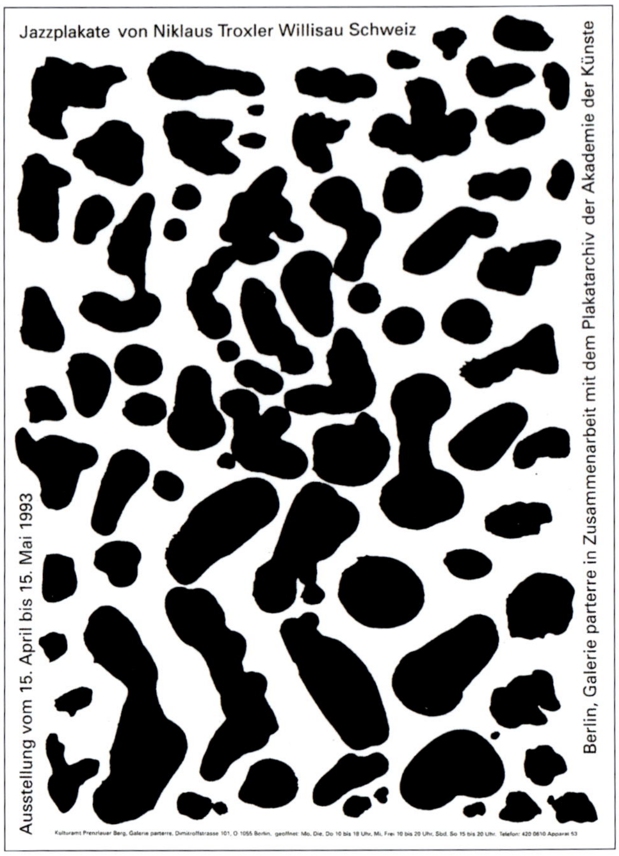

图 3.44　尼古拉斯·卓斯乐《柏林卓斯乐爵士海报展览》

（3）散点式形式语言的整合

广告设计中散点式形式语言的整合是将色彩斑点、独立的图形、零散的文字等多个看似分散、无明显规律或关联的形式语言元素，通过巧妙的构成和编排，使其在整体视觉效果上达到协调、平衡且具有内在逻辑和表现力的状态。这种整合方式并非对元素的无序堆积，而是将形状、颜色、大小等每个散点元素根据广告的主题诉求寻找它们之间潜在的联系和呼应关系进行设计编排。通过元素之间的疏密分布、对比与协调、主次区分等手段来营造视觉的重心和引导观众的视线流动。画面形式语言较为丰富，会出现散乱排列形式、乱中有序形式、综合散点语言形式等。其视觉效果表现出随意、豪放、洒脱等，需要设计者对表现的主题准确定位，选择适合表现的手法或多种手法加以整合。和谐处理好画面中出现的形式语言，是每个广告设计者为之所热衷、探索的话题。如图3.44所示。

（4）综合形式要素的和谐整合应用

综合形式要素的和谐整合应用是将图形、文字等点线面等多种不同类型的形式要素，进行全面且系统的统筹与调配，使其达到平衡、协调、统一且富有表现力的视觉效果。这种综合形式要素的整合，是将图形的风格、文字的内容等所有视觉要素的形式整合在一起，形成和谐统一的氛围。在广告设计中，形式的应用是多样化的，多种形式构成时，可以以一种形式语言为主、其他形式语言为辅，使画面多种形式语言综合使用。例如，音乐会的海报设计，整体形式语言采用动感的不同曲线对比，适量辅助少量的点化语言，或点缀局部肌理语言，根据画面的主题韵律或波澜起伏的乐感穿插使用对比与协调的形式构成，使画面既跳跃又统一于一体。如图3.45所示。

图3.45　郃易萱《阅读》系列

(5) 形式简约主义整合

简约主义这一名称最早由美国著名的艺术评论家巴巴拉·罗斯（Barbara Rose）发明，"指称、概括和形容美国20世纪60年代出现的、受战前俄国构成主义、荷兰风格主义影响启发的年轻的抽象艺术家的创作"。"主张用清晰、明确、纯粹、冷静的抽象形式表现作品"。平面设计师中，简约主义的公认领袖是英国设计师奈维尔·布罗迪（Neville Brody），"对比强烈、手法生硬的图形、字体、版式来展现独特的内涵，将观点鲜明的内容与视效醒目的形式完美结合"。形式简约主义整合是通过对设计元素进行极致的精简和提炼，去除点线面形式语言中冗余和繁杂的部分，仅保留形式语言中最核心、最关键且最具表现力的元素，以达到简洁、清晰、直接的视觉传达效果。简约主义整合，贵在采用简洁的形式语言表现作品深刻的内涵，对画面形式做减法，精益求精。形式简约主义整合强调以少胜多，通过最简洁的构成和编排形式传达最丰富的内涵。它能够迅速吸引观众的注意力，使信息传递更加高效和直接。同时，简约的设计能够突出品牌的核心特点，避免分散观众的注意力，让他们更专注于关键信息。正如芬兰设计师毕卡·罗利曾说：简简单单、简约即美。如图3.46所示。

图3.46　靳埭强《诞生》

【课后思考与练习】

1. 除本书讲解的广告设计的构图要素外，还有哪些其他构图形式?

2. 如何把握广告设计形式语言的对比关系?

3. 如何把握广告设计形式语言的呼应关系?

4. 如何把握广告设计形式语言的整合关系?

5. 按照构图要素及其关系，绘制广告设计草图10张，以PPT形式进行汇报。

广告设计

第四章　广告设计的视觉传达形式

【章节介绍】

1. 介绍广告设计视觉语言的表意传达形式。
2. 介绍广告设计视觉语言的表形传达形式。
3. 介绍广告设计视觉语言的艺术效果传达形式。

【学习目标】

1. 通过本章学习，能够了解和掌握广告设计视觉语言的表意传达方式。
2. 通过本章学习，能够了解和掌握广告设计视觉语言的表形传达方式。
3. 通过本章学习，能够了解和掌握广告设计视觉语言的艺术效果传达方式。

第一节　广告设计视觉语言的表意传达

一、广告设计视觉语言表意传达的理解

1. 广告设计视觉语言表意传达的内涵

表意，指广告设计中具象视觉语言表现出的意念或理念。广告设计视觉语言表意传达就是着重通过意念或理念为主传达信息的形式，在于通过各种视觉元素的理念向受众传递特定的信息、情感、价值观和理念，以达到引起关注、激发兴趣、促使行动和建立品牌形象等目的。因此，在视觉传达过程中，作品由设计师加工后形成某种观念传递给受众解读，再把反馈信息传达给设计师，这一过程正是在视觉传达过程中解读作品的表意过程。广告设计中意的表达旨在传递设计师的设计理念和作品的主题内涵为主，以意传神、以意生情，以情动人，正是广告设计的抽象要素传递的内涵。在表意传达过程中，要注重视觉元素的文化性和内涵性，深入挖掘形象的理念进行传达。业内，出现一些看不懂广告设计理念或者内涵的情况，这与广告设计师所在的地域背景、文化背景、审美习惯和认知水平有紧密联系，因此在广告设计的表意传达中，需要设计作品考虑到上述背景在广告设计中蕴含的理念，以确保传达的信息能够被广泛而准确地理解。

2. 广告设计视觉语言表意传达的作用

广告设计视觉语言表意传达重点凸显理念的传递，内涵深刻、创意精巧，是广告设计活的灵魂，具有重要作用。一是情感传递，产生共鸣。通过设计理念的传递，让受众产生情感认同，这有助于建立起受众与广告产品或品牌之间的情感联系，增强消费者对品牌的好感度和忠诚度。生动、有趣且富有特色的设计理念与内涵更容易被受众记住，从而提高广告的传播效果和影响力。二是创意理念鲜明。在信息广泛的时代，独特、富有创意和吸引力的视觉语言能够迅速抓住受众的眼球，使广告从众多的信息中脱颖而出，引起他们的关注。三是传递信息具有鲜明的导向性。以直观、清晰的方式传递广告的核心内容，包括产品特点、品牌理念、促销活动等。避免复杂和模糊的表达，确保受众能够快速准确地理解广告所要传达的信息。

二、广告设计视觉语言表意传达的方式

1. 直抒胸臆

直抒胸臆的广告设计创意理念表达，以直接、坦率的方式，将广告的核心信息、主题、情感或诉求清晰明确地呈现给受众，不借助过多的隐喻、象征或委婉的手法。直抒胸臆的广告设计传达形式，对画面的信息传播直截了当、开门见山，快速准确地表现主题内涵，能直接被受众所解读。这种表达方式通常会采用简洁明了的语言、直观的图像和直接的情感传递，以确保受众能够在第一时间理解广告想要传达的主要内容。它不追求复杂的构思和隐晦的暗示，而是以开门见山的方式直击要点。直抒胸臆的广告设计创意理念表达是一种直接、高效的广告传达方式，能够在短时间内将关键信息传递给受众，达到广告的预期目的。如图4.1所示。

图4.1　崔雯萱《廉政》系列

2. 比喻式

比喻是文学中一种常见的修辞手法，即打比方，用某些有类似特点的事物来比拟想要说明的事物。比喻式广告设计是通过将广告所要传达的核心内容与其他具有相似特征或能够引发联想的事物进行类比，运用比喻的修辞手法来展现广告的主题、情感或诉求，以增强广告的感染力、吸引力和可理解性。广告设计中，“比喻能使读者通过客观事物的外壳，将很少有共同特征的不同事物联系起来”，比喻要恰当、确切，找到两个事物之间的内在联系，用人们清楚明了的事物来举证比喻此事物与彼事物有相通性。这种表达方式借助了比喻手法，将抽象、复杂或难以直接描述的广告信息，用一种更为形象、生动且易于感知的方式呈现给受众。比喻式广告设计通过建立两个不同事物之间的相似性，引导受众从熟悉的比喻对象联想到广告的主体，从而更深刻地理解和记住广告的内容。比喻运用在广告中既清楚地说明了事物的本质又有耐人寻味的道理，显得委婉、含蓄、风趣幽默，具有较高的艺术性，增加传达中的趣味和更深一层的意义。如图4.2所示。

3. 象征式

象征的手法也是文学中的修辞手法之一，本意是用具体事物表现某些抽象意义。在视觉传达设计中，是表现手法所用语言之一。象征式广告设计运用具有特定象征意义的符号、图像、色彩、元素等，来间接传达广告的主题、情感、价值观及产品特点，这些象征元素能够引发受众深层次的联想和共鸣，从而实现广告信息的有效传递。象征式广告设计表达抽象的概念或意境，是为了通过象征性间接地表示复

个图形之间的互动关系能够引导受众进行比较、思考和联想，从而更深入地理解广告所传达的信息。如图4.14所示。

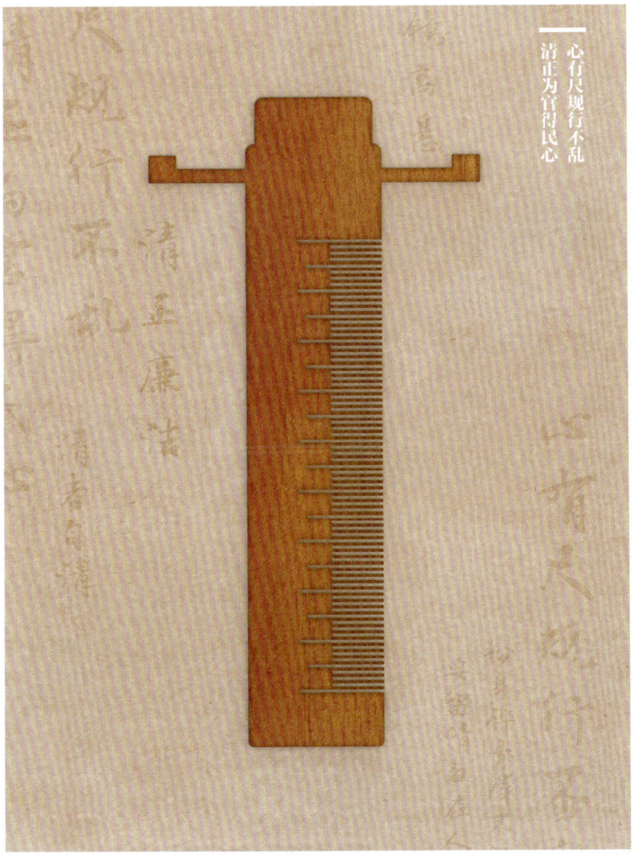

图4.13　赵芷莹《廉洁之尺》

图4.14　许晓艳《梳香缘木梳》系列

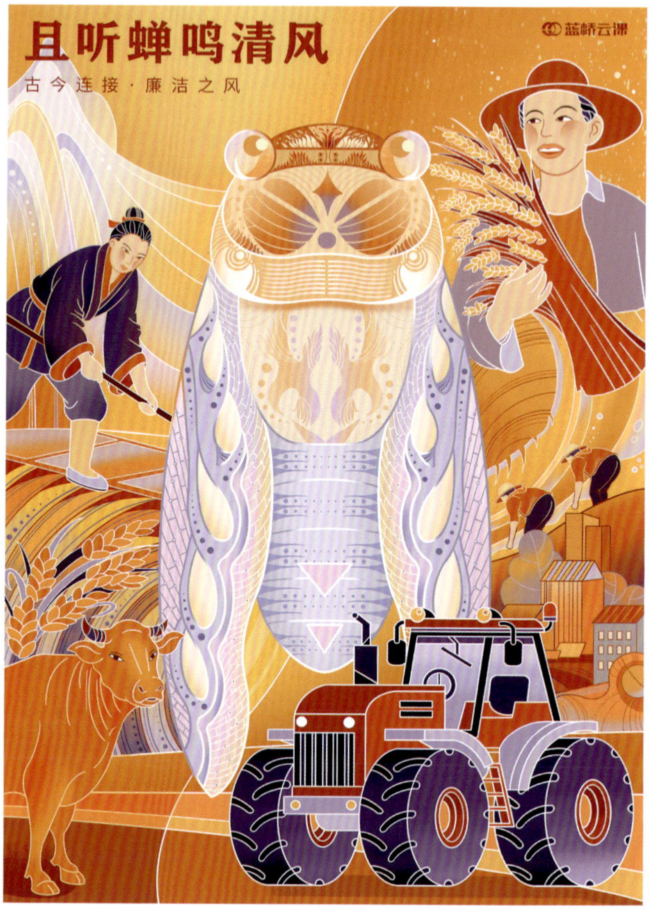

图4.15　崔艳柳《古今连接·廉洁之风》系列

3. 多体插图传达式

广告设计中多体插图传达是采用三个及三个以上相互关联、相互作用的图形元素来构建广告的视觉表现，以传递复杂的信息、营造丰富的视觉体验，并引发受众特定的情感和行为反应的设计策略。多体式广告设计中，众多的图形元素共同协作，形成一个有机的整体。这些图形可以是相似的元素重复出现以强调某个主题，也可以是不同类型的图形组合在一起展现多元的信息。画面中采用多个设计插图语言表现的画面，有时主题中包含大量丰富的视觉信息，或表现活跃多样的设计形式感，需要大量的视觉语言构成画面。应用时需要注意画面中多种设计插图的对比和整合关系，按照画面中多种元素的对比与协调、夸张与削弱，形成画面协调统一的视觉感受。多体式设计能够呈现更丰富的内容和细节，适应广告信息量大、需要多角度展示的需求。它通过图形之间的对比、呼应、层次关系等，引导受众的视线流动，帮助他们逐步理解和接受广告传达的核心要点。在设计插图的选择上，不是绝对的单体、双体和多体，而是彼此可以相互转化、相互融合。如图4.15所示。

4. 重复式传达方式

广告设计中重复式传达是指在广告的视觉表现中，对一个或多个相同或相似的图形元素进行有规律、多次的重复排列及呈现，以强化视觉效果、突出主题信息、增强记忆度和产生特定节奏感的广告设计手法。在重复式广告设计中，相同的图形元素不断出现，形成一种强烈的视觉冲击。这种重复可以是完全相同的图形简单复制，也可以是在大小、颜色、方向等方面稍有变化的相似图形的重复。重复的形象具有视觉传达的强化性，犹如一浪接一浪的视觉冲击力度，强化形象对受众产生的视觉印象。重复的语言包含基本形语言的重复、单位形语言的重复、方向的重复、层次空间的重复、色彩的重复、形式语言的重复以及其相互之间的综合运用，时而产生整合的视觉效果，时而产生韵律感的视觉变化效果，时而产生视觉延伸的变化效果。重复式设计能够吸引受众的注意力，因为重复的元素会在视觉上形成一种显著的模式，使其难以被忽视。它有助于强化品牌形象或产品特征在受众心中的印象，通过不断的重复刺激，加深记忆。图4.16所示。

5. 形变式传达方式

广告设计中形变式传达指的是在广告的视觉呈现中，通过对图形的形状、结构等方面进行有目的、有规律的改变和转化，以实现信息传递、吸引受众注意力、引发情感共鸣和创造独特视觉体验的广告设计方式。形变式设计中，图形从一种形态过渡到另一种形态，或者在同一画面中展现出多种不同的变形。这种变化可以是连续的、流畅的，也可以是突然的、跳跃的。视觉语言在造型上除了写实手法直观表现画面外，还有形变手法表现画面，形变都是对原造型的处理变化，使之更能促进视觉传达。视觉语言的形变，往往是在造型变化的部位做文章，产生离奇的、风趣的、点睛的视觉效果。造型语言的变化，有的采用夸张变形，使之加深理念传达；有的采用形态视觉元素的变化，产生图形创意的目的；有的采用图形的装饰变化，使之更具有艺术审美性；有的采用表现手法的艺术处理，造型语言的变化更具表现力；有的

图4.16 霍楷《索取与拯救》系列

图4.17 安德雷《反免罪》

采用简化概括的处理，使之主体突出，更加促进信息传播。形变式广告设计能够有效地吸引受众的目光，激发他们的好奇心和探索欲望。通过图形的变化，能够生动地展示产品的特点、功能或优势，使抽象的信息变得更加直观和易于理解。如图4.17所示。

6. 空间转化式表达

广告设计中空间转化式表达是指在广告创作中，通过巧妙地改变或转换图形、元素所处的空间位置、维度、视角等，从而实现独特的视觉呈现，有效传递广告信息并引发受众强烈关注和深刻印象的设计手法。在空间转化式表达中，图形会从二维平面空间转向三维立体空间，或者在不同的空间维度之间进行切换，形成矛盾空间。视角也发生变化，如从俯视转为仰视，从近景切换到远景。图形的处理采用空间内的合理表现，直观传达信息，或采用空间维度的变化，产生超现实的趣味和意念，在空间维度上表现为二维、三维空间混合或矛盾空间等视觉错视效果，维度的转换将产生超然的意念传递视觉信息。早在超现实主义流派中，就有画家对空间维度变化进行探索，如达利、马格里特等，出自他们笔下的作品，妙趣横生，意念非凡；冈特·兰堡设计了一系列的维度混合的作品，将二维空间与三维空间混合设计，形成视觉上的矛盾，产生趣味性。空间转化还能够引导受众的注意力，使其随着空间的变化而深入探索广告所传达的内容。通过创造出独特的空间感，广告能够在众多信息中脱颖而出。如图4.18所示。

图4.18　冈特·兰堡《S·费舍尔出版社》

7. 正负形传达方式

广告设计中正负形传达方式是指在广告作品中，巧妙地利用图形的正形（主体图形）与负形（空白部分或背景）之间的相互关系，使两者共同构成一个完整且富有意义的视觉形象，从而实现独特、高效的信息传递和视觉吸引的广告设计手法。在正负形传达方式中，正形和负形相互依存、相互作用。正形通常是人们首先关注到的主体图形，而负形则是在正形的轮廓或间隙中形成的隐藏图形。正负形是图形变化传达信息的一种特殊形式，正形是表面、直观的语言，体现表象的特征；负形往往是隐含、暗表于作品中的隐性形象，常常出乎意料，又在情理之中。因此，正负形变化传达信息的作品，往往具有双重表现性和正反对比的深刻性，要比只通过表象图形传递信息的作品更具有形象的表现力和内涵的感染力。这种设计方式能够在有限的空间内传达更多的信息，增加广告的趣味性和神秘感，吸引受众更深入地观察和思考。正负形的巧妙结合可以创造出一种视觉上的平衡与和谐，同时也能引发受众的联想和情感共鸣。如图4.19所示。

图4.19　兰尼·索曼斯《罗密欧与朱丽叶》

8. 同构式传达方式

广告设计中同构式传达方式是指在广告创作中，将两个或多个在形式、内容、意义等方面原本不同的图形元素，通过巧妙的组合和融合，构建出一个具有全新意义和视觉效果的统一整体，以达到有效传递广告信息、引发受众共鸣和增强广告影响力的设计策略。同构图形将不同的图形元素重新组合，形成一种新颖而富有创意的视觉形象。这种组合不是简单的叠加，而是在结构、形态、逻辑等方面实现有机的结合。同构图形通过线或面的共用变化，把不同的视觉形象构建在一个空间内，整合为一体，传达视觉信息。同构图形通过造型上的相似性巧妙地把相似共性或相悖等事物联系到一起，共同表形达意，使作品的联系性更加强烈，表现更为突出。此种变形作品中的创意点往往体现在同构的造型上，这也正是创意精妙与表现和谐的体现。同构式传达方式能够突破常规的思维模式，以独特的视觉语言吸引受众的注意力。它可以使抽象的概念变得形象具体，复杂的信息变得简洁易懂。如图4-20所示。

图4.20　卡里·碧波 *VANHAN NAISEN VIERAILU*

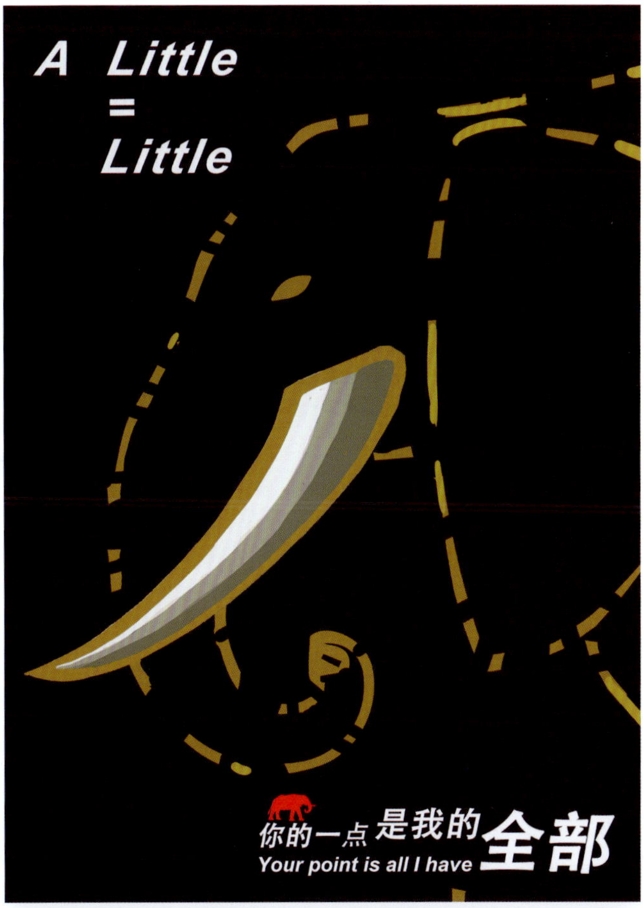

图4.21　曹武璇《保护动物》系列

9. 系列广告设计传达式

系列广告设计传达式是指在广告设计过程中，基于相同的主题、风格，创作一组具有内在关联性和一致性的多个广告设计作品，形成系列化的广告效果的设计传达方式。系列广告设计通常由多个独立但又相互关联的广告组成。它们在视觉表现、文案表述、情感诉求等方面保持一定的相似性和连贯性，同时又在具体内容、细节和侧重点上有所不同。在表现一种主题内涵或相近主题内涵时，采用系列招贴的形式更有利于信息的传达。系列广告表达同一内涵可从一个主题的不同侧面多角度反映客观现实，每张广告的主题可以相同，辅以不同的副标题或补充说明文字系列表现；表达相近主题时，则可在一个大的框架内分别阐述不同的现象。系列作品的设计风格既要有对比又要协调；相对独立地表现自身的个性特征，又要用相统一的设计形式与表现手法使之形成系列。系列广告的设计形式犹如文学中的修辞手法——排比，强有力的循环表现层层推进、深化主题，更具有作品表现的力量和视觉传达的力度。系列广告设计传达式的优点在于能够强化广告设计形象和信息的记忆度。通过多次重复和变化的呈现，使受众对广告主题有更深刻的印象。如图4.21所示。

第三节　广告设计视觉语言艺术效果传达

一、广告设计视觉语言艺术效果传达的理解

1. 广告设计视觉语言艺术效果传达的内涵

广告设计视觉语言艺术效果传达是指运用各种视觉元素和表现手法，营造出具有审美价值、情感影响力和独特创意的视觉呈现，以有效地将广告信息、品牌理念和价值主张传递给目标受众，并引发他们的情感共鸣和行为响应。广告设计视觉语言艺术效果传达涵盖了多个方面的元素和策略。从色彩、图形图像、文字排版等产生视觉张力、视觉冲击力、艺术渲染和空间效果，不仅传递信息，还能增添艺术效果和视觉美感。这种传达旨在超越单纯的信息传递，通过艺术化的处理，使广告成为一种视觉享受，引发受众的情感共鸣。

2. 广告设计视觉语言艺术效果传达的作用

广告设计视觉语言艺术效果传达具有鲜明的艺术效果。一是作品通过精心构建和展现具有艺术性的视觉元素和表现形式，所产生的对广告信息传递、受众认知与情感影响等方面的积极效果和重要影响。二是增强信息的传达效果。艺术化的处理可以让复杂的信息以更简洁、直观、富有冲击力的方式呈现，帮助受众更容易理解和记住广告所要传达的核心内容。三是激发受众的艺术感知和共鸣。通过色彩、图形等元素营造出的氛围和情感，能够触动受众内心的情感，引发他们对广告所展示的产品或服务产生兴趣和好感。

二、广告设计视觉语言艺术效果传达的方式

1. 张力表现

（1）强化质量

强化质量的效果是通过一系列的视觉元素和表现手法，使广告画面呈现出一种具有强烈质感、丰富层次、深

图4.22　徐阿俏《竭泽而渔》系列

沉色调以及扎实厚重的视觉感受，从而给人稳重、坚实、有分量的心理印象。这种画面质感厚重的效果通常体现在使用饱和度高、明度低的深色系色彩，营造出深沉、浓郁的氛围。强调物体表面的纹理、坚实质感等，给人一种真实可触的感觉。采用饱满、充实的布局，元素分布密集但不失秩序，形成一种扎实、稳定的视觉结构。强烈的明暗对比、深沉的阴影，能够突出物体的立体感和体积感，增强画面的厚重感。主观加强作品的分量感，强化黑白对比关系、质感的描绘、块面对比的强烈、色彩的饱和等，冲击人们的视觉，使作品产生更强烈的重量感。如图4.22所示。

(2) 强化力度

画面力度的效果是指通过特定的视觉元素、构图方式及表现手法，使广告画面展现出一种具有强烈冲击力、爆发力和感染力的视觉效果，能够引起受众强烈视觉反应和心理触动的视觉特征。画面力度的效果采用锐利的直线、富有动感的曲线等简洁而富有张力的线条，展现强烈的方向感和速度感。选择对比度高、纯度高的鲜明色彩组合，形成强烈的视觉冲突，从而增强画面的刺激性。运用夸张的比例、独特的视角或者打破常规的布局，营造出紧张和不稳定的感觉，吸引观众的注意力。主观加强作品的力度感，强化曲直对比、表现手法的力度、构形的方向对比等，使作品无形中产生速度感、力量感、方向感等，这样能够强化作品的视觉传达力度。如图4.23所示。.

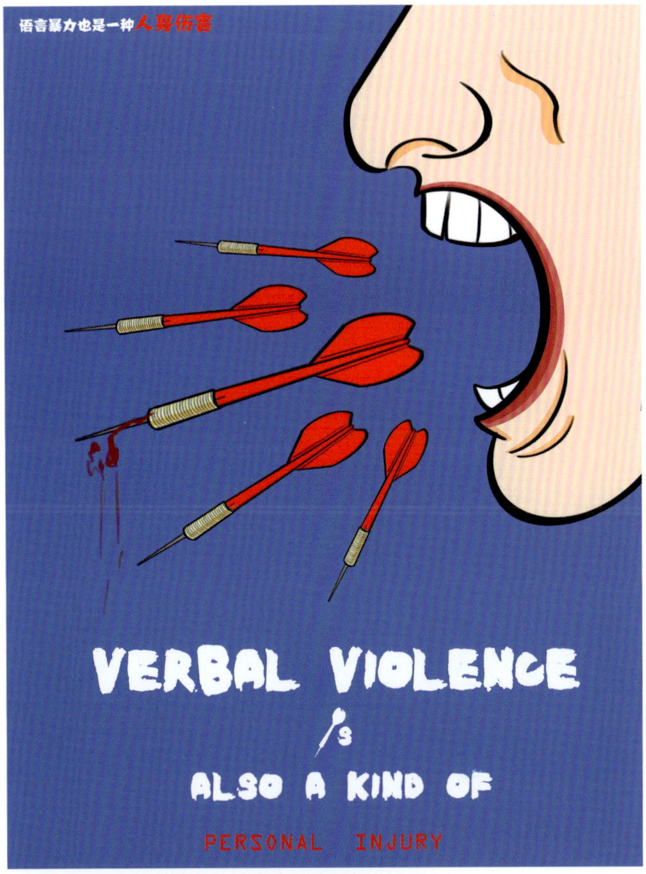

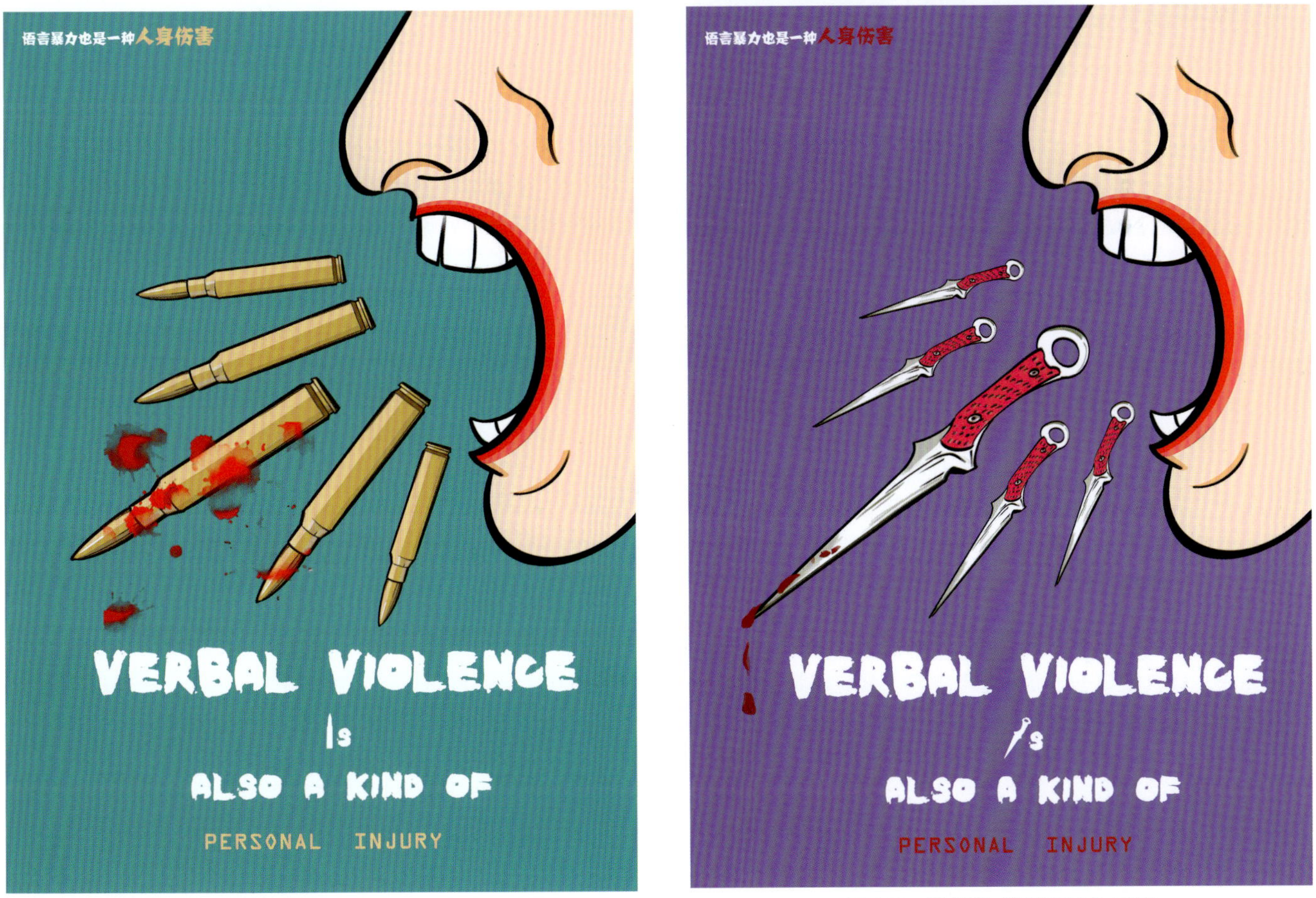

图4.23　张佳馨《语言暴力》系列

（3）强化动势

强化动势的效果是运用各种视觉手段和设计技巧，使广告画面中的元素呈现出明显的动态趋势和强烈的运动感，从而营造出充满活力、富有冲击力和引人注目的视觉效果。强化动势效果的作品采用流线型的线条、变形的形状或者具有动态特征的图案来暗示运动的方向和速度。运用色彩的渐变、过渡或鲜明的对比色来增强视觉上的动感。通过元素的倾斜、交错、叠加等方式创造出不稳定和充满张力的构图，让观众感受到一种即将爆发的动态力量。借助运动的形象特征，真实地展现物体的运动过程。主观强化造型语言的动势、夸张造型语言的特点、赋予造型语言的情感等，会加深作品流露的感情，促进视觉传达。如图4.24所示。

图4.24　Kim Jae Young *Gillette*

2. 视觉冲击力表现

视觉冲击力强是广告设计的特点之一。它能够抓住人们的视觉，有助于信息的快速传播。正如日本设计师秋山孝说："一张好的招贴是简洁的并能抓住你的注意力的。它让你停住并且唤起你的兴趣和欲望，那种使你想触摸那张招贴的欲望，它能使你高兴，给你带来愉悦。"因此，强烈冲击力表现的作品适合设计师探索研究的、迎合现代社会多样化发展信息的要求，使作品在繁杂的广告大潮中脱颖而出。冲击力因素需要考虑到以下几方面：

（1）强化明暗

强化明暗指的是通过显著增强画面中亮部与暗部之间的对比度和差异度，以突出物体的形态、质感和立体感，从而制造出强烈视觉效果，吸引受众注意的一种设计手法。强化明暗这一手法在广告设计中具有显著的作用。通过将亮部提亮到极高的程度，使其光芒耀眼，同时将暗部压暗至近乎全黑，形成鲜明的明暗对比。这种强烈的反差能够迅速抓住受众的目光，使其聚焦于画面的重点内容。强化明暗还能够营造出独特的氛围和情感。明亮的部分往往给人以希望、活力和积极的感觉，而黑暗的部分则可能暗示神秘、深邃或稳重。通过巧妙地控制明暗的分布和比例，可以引导受众产生特定的情绪反应。明暗对比强烈的广告作品，能够增强视觉心理的重量感和沉着感，易被人识别和感知，有时甚至采用黑白直接对比的手法来表现画面；而画面灰弱无力的作品，不易被受众识别和解读。如图4.25所示。

图4.25　陈绍华《沟通》

（2）强化特征

强化形象特征是通过对作品中所要展现的形象在形态、色彩、质感、动作等具有明显特征方面做突出、夸张或独特的处理，使其与常见的形象形成鲜明差异，从而在受众视觉感知中产生强烈印象和吸引力的设计策略。强化形象特征主要对形象进行变形、放大或缩小，使其具有独特的外形轮廓，采用非常规的、鲜艳醒目的色彩组合，或者对形象进行单一强烈色彩的渲染，增强视觉吸引力。将形象的表面质感进行极端化表现，以引发受众的好奇心和关注。设计出具有强烈动感或独特姿态的形象使其充满活力和张力。强化形象特征能够使广告在瞬间吸引受众的注意力，激发他们的兴趣和欲望。通过突出形象的独特之处，让受众更容易记住广告内容和所宣传的产品或服务。抓住所要表现视觉语言的主要特征强化表现，彰显主要视觉形象，易吸引人们的视觉。如图4.26所示。

（3）强化创意

德国设计师赫尔姆特·朗格说："一张好的招贴是吸引人的、有创意的、有效并且简洁的。"因此，精简的创意不但深刻地表现主题，而且能使观者惊叹创意的巧妙，反映主题并快速传达，与作品产生共鸣，发人深省。强化创意是通过独特、新颖、出人意料的构思和表现方式，打破常规的思维模式和设计套路，使广告作品在视觉呈现和概念传达上具有高度的创新性和独特性，从而让受众的视觉感知和思维层面产生强烈震撼和深刻印象的设计策略。深刻的创意要求设计师深刻挖掘视觉元素背后的本质，包括运用揭露、批判、

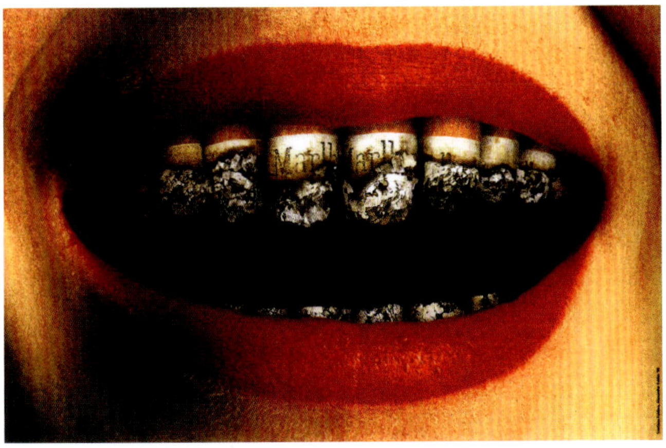

图4.26　亚历山大·法尔仃*Antismoking poster*

弘扬、反讽、隐喻、象征等手法来传达广告信息，或者创造出奇幻、超现实的视觉场景。创意来源于生活，结合中华优秀传统文化、社会热点、文化潮流等，创造出具有话题性和互动性的广告创意，促使受众更积极地参与和传播广告内容。如图4.27所示。

图4.27　赵胜男《禁止篇》系列

(4) 简化处理

德国设计师雷克狮·德莱文斯基说:“电影导演需要大约两个小时来表现他的主题,而电影海报的设计师只有几秒钟来达到同样的效果。”这说明,一张印刷的纸上艺术通过简洁的形式便能传达视觉信息。简洁是指从繁杂的信息中提取主要的、概括的部分经过加工整理,彰显主要结构特征,削弱次要部分。简洁的作品具有震撼力,能够快速、准确、削弱次要部分。简洁的作品具有震撼力,能够快速、准确、直接地传达广告中的信息。简化处理的广告设计,实则是在复杂形象基础上经过有目的的删减、归纳、提炼、概括、加工整理得出的简洁形象,保留最核心、最具代表性和最能有效传达信息的部分,以达到简洁明了、突出重点,并产生强烈的视觉冲击力的艺术效果。但需要注意的是,简化处理并非简单地删减元素,而是在深入理解广告目标和受众需求的基础上,进行精准的提炼和优化。简化的图形和排版更易于形成独特的视觉风格,给人留下深刻的印象。这种简洁性往往能够在瞬间吸引受众的注意力,并产生强烈的视觉冲击。如图4.28所示。

图4.28 Eskowider《酒精——马路杀手》

(5) 强化表现力

强化表现力是指通过运用丰富多样且极具感染力的视觉元素、表现手法和技术手段,最大程度地激发受众的视觉感知和情感反应,使广告作品在视觉呈现上具有强烈的吸引力、震撼力和说服力的设计手段。强化广告设计的表现力,对营造视觉冲击力具有关键作用。运用极具张力的图形和造型,通过夸张、变形或独特的视角来展现物体或场景,从而吸引受众的目光。采用高饱和度、高对比度的色彩组合,营造出鲜明、热烈的视觉氛围,增强视觉刺激。强有力的表现,会使画面更具力度,增强广告作品的视觉感染力。因此,广告设计的视觉冲击力可以从作品本身的视觉语言的表现、创意、形式存在关系、表现力、人们的心理等要素出发,强化广告的视觉冲击力。强化表现力的目的是在瞬间抓住受众的注意力,引发他们的情感共鸣,并促使他们对广告所传达的信息产生深刻的记忆和积极的反应。如图4.29所示。

图4.29 杨振 *Green-breast*

3. 艺术渲染效果

(1) 氛围营造

艺术渲染氛围营造是文艺创作的一种表现手法。对所写对象做突出的描写、形容、烘托。古代诗人形容大雪纷飞,说是“战罢玉龙三百万,败鳞残甲满天飞”。形容贴梗海棠的艳丽,说是“八万四千天女洗脸罢,齐向此地倾胭脂”,一下子就将平凡的事物渲染得瑰奇起来。广告设计氛围营造指的是通过精心选择和组合视觉、情感等多种元素,构建出一种独特的环境或情境,使受众在接触广告作品时能够迅速沉浸其中,并产生特定的情绪和心理反应的设计手法。氛围营造目的是在受众与广告之间建立情感连接,让他们在特定的氛围中更容易接受和认同广告所传达的信息和产品价值。广告设计强化的艺术手法表现、烘托画面氛围,或强化主体事物,或晕染画面背景肌理语言,或装饰点缀的造型特征,或采用风格化表现手法,使画面氛围愈加浓烈,达到事半功倍的视觉传达效果的表现手法。如图4.30所示。

图4.30 郭晓敏《坚韧不拔 辉映脱贫之路》《明礼诚信 铸就三晋之魂》系列

（2）趣味处理

广告设计趣味处理是运用独特、新奇、幽默或富有想象力的方式对广告的元素进行设计和编排，以增添广告的趣味性和吸引力，引发受众的兴趣和愉悦感，从而使广告在众多信息中脱颖而出的设计手法。怪诞、离奇造型的视觉语言，具有新颖的视觉感受，会增加观者的好奇心对作品产生注意力，抓住人们的视觉。趣味处理通过对形象的创意变形来实现，将常见的物体或人物以夸张、卡通化或拟人化的方式呈现，给受众带来新奇的视觉体验。情节的巧妙设置也是趣味处理的常见方式，创造出有趣的故事或情境，使受众在观看广告时仿佛置身于一个充满趣味的小世界中。运用幽默的语言和文字，以诙谐、俏皮的表达方式传达广告信息，能够让受众在轻松愉快的氛围中接受宣传内容。趣味处理的目的是打破广告的常规模式，吸引受众的注意力，让他们在欢笑和愉悦中记住广告所传达的品牌和产品信息。如图4.31所示。

（3）色彩渲染

广告设计的色彩渲染是有策略地运用色彩的属性（如色相、明度、纯度）、组合和搭配，以及色彩所蕴含的情感和象征意义，来营造特定的视觉氛围、表达主题和情感倾向，从而增强广告的艺术感染力和视觉吸引力的设计手段。不同的色彩能够唤起人们不同的情感和心理反应。通过调整色彩的明度和纯度，可以营造出不同的氛围和情感强度。高明度和高纯度的色彩组合会带来活泼、欢快的感觉，而低明度和低纯度的色彩则可能营造出沉稳、低调的

图4.31 维斯劳·瓦尔库斯基《萨特里肯》

图4.32 葛非《人类凶猛》

氛围。色彩的搭配至关重要，互补色的搭配能够产生强烈的视觉对比，吸引目光；类似色的组合则会营造出和谐、统一的视觉效果。色彩具有感情和表现的因素，主观强化色彩的对比，利用色彩与色彩之间的对比、互补、错视与情感因素，会强化形象的感染力，有利于进一步从渲染画面的氛围，抓住人们的视觉，强化广告的冲击力度。如图4.32所示。

（4）强化空间

广告设计强化空间是通过各种设计技巧和手法，刻意突出或营造广告画面中的空间感，包括深度、层次、维度等方面，以增强视觉效果的表现力和吸引力的设计策略。强化空间可以通过多种方式实现。在透视运用方面，利用线性透视（如一点透视、两点透视）等方法，创造出远近距离的错觉，使画面具有深度和立体感。在元素布局上，合理安排前景、中景和背景的元素，使它们之间形成明显的距离和层次关系。前景元素可以清晰、突出，中景和背景元素则逐渐虚化或简化，以此强化空间感。还可以通过光影的变化来塑造空间。广告设计具象形态与抽象形态都具有空间感，形态本身与形态之外的形象也具有空间感。这种空间感依照形态对比与色彩变化产生上、下、左、右位置的变化和前、后、远、近的空间层次，从而具有空间感。因此，广告中的空间可分为横向空间和纵向空间。横向空间指画面的二维广度（上、下、左、右）的位置关系；纵向空间则表现为广告视觉语言的三维深度（前、后、远、近）的空间关系。广告设计中，视觉语言可以是平面表现的语言，如平面图形语言，可以是立体表现的语言，如多种平面语言的层次表现或摄影语言，通过这些设计插图的前后叠压、虚实处理、大小对比产生纵深的三维深度空间。视觉语言纵向空间深入探索，更有助于表现广告中震撼的冲击力度。如图4.33所示。

（5）陌生化、个性化表现

陌生化、个性化表现为打破常规的表现方式和视觉习惯，采用独特、新颖、与众不同的元素组合、表现手法和创意构思，使广告作品在视觉呈现和内涵传达上具有鲜明的个性特征，从而引起受众的新奇感和关注的设计方式。陌生化的视觉语言是指广告在创意时，选择的视觉语言采用原创的、个性的、不为大众所熟知的形象进行创意，或者广告画面的表现手法新颖、个性、风格奇特，有利于广告的视觉传达。在元素选择上，摒弃常见和普遍的形象，选取独特、不寻常的对象或符号来传达信息。这种陌生化、个性化的表现能够使广告在众多同质化的信息中脱颖而出，吸引受众的注意力，并激发他们的好奇心和探索欲望。因此，在广告设计中提倡陌生的视觉形象表现画面，对于作品的原创性、个性及视觉传达过程有着重要意义。如图4.34所示。

图4.33　查斯·美威因·大卫 *Right*

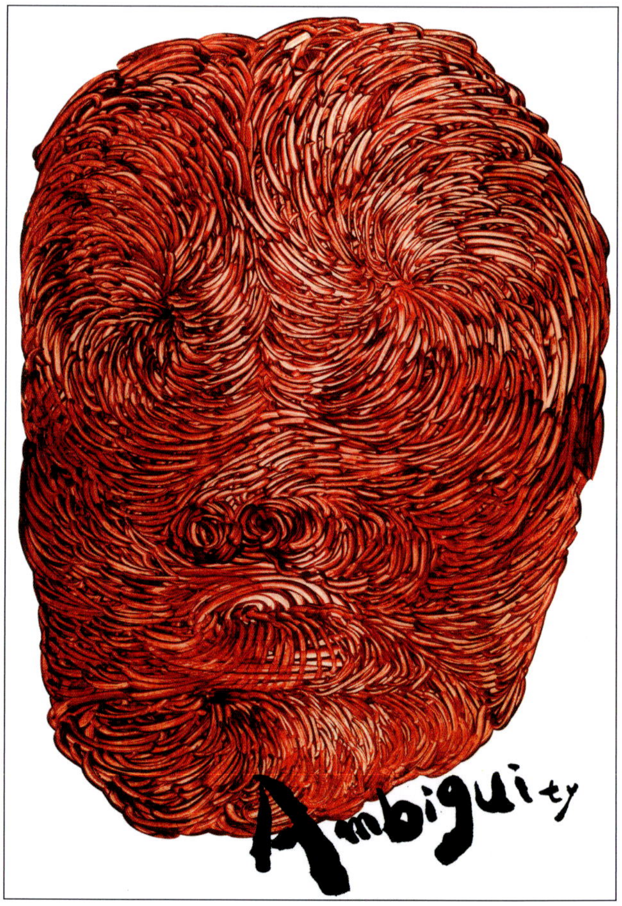

图4.34　杨振 *Ambiguity*

【课后思考与练习】

1. 广告设计表意、表形和艺术效果传达形式分别适合哪些主题的广告设计?

2. 广告设计表意、表形和艺术效果传达形式的效果有何区别?

3. 广告设计表意、表形和艺术效果传达形式的特征分别是什么?

4. 如何将思政元素融入广告设计的视觉传达形式?

5. 从广告设计表意、表形和艺术效果传达形式中，各绘制草图10张，以PPT形式进行汇报。

一寸光阴一份食，餐餐顿顿皆不易
惜·食
Cherish Food Every Time

第五章 社会主义核心价值观广告设计

【章节介绍】
1. 介绍社会主义核心价值观广告设计的内涵。
2. 介绍社会主义核心价值观广告设计的选题。
3. 介绍社会主义核心价值观广告设计的创作原则。
【学习目标】
1. 通过本章学习，能够了解和掌握社会主义核心价值观广告设计题材及形式。
2. 通过本章学习，能够了解和掌握社会主义核心价值观广告设计的艺术特点及内涵。

第一节 社会主义核心价值观与广告设计

一、社会主义核心价值观

社会主义核心价值观是社会主义核心价值体系的内核，体现社会主义核心价值体系的根本性质和基本特征，反映社会主义核心价值体系的丰富内涵和实践要求，是社会主义核心价值体系的高度凝练和集中表达。社会主义核心价值观包括“富强、民主、文明、和谐，自由、平等、公正、法治，爱国、敬业、诚信、友善”24个字。“富强、民主、文明、和谐”，是我国社会主义现代化国家的建设目标，也是从价值目标层面对社会主义核心价值观基本理念的凝练，在社会主义核心价值观中居于最高层次，对其他层次的价值理念具有统领作用。“自由、平等、公正、法治”，是对美好社会的生动表述，也是从社会层面对社会主义核心价值观基本理念的凝练。它反映了中国特色社会主义的基本属性，是我们党矢志不渝、长期实践的核心价值理念。“爱国、敬业、诚信、友善”，是公民基本道德规范，是从个人行为层面对社会主义核心价值观基本理念的凝练。它覆盖社会道德生活的各个领域，是公民必须恪守的基本道德准则，也是评价公民道德行为选择的基本价值标准。社会主义核心价值观是当代中国精神的集中体现，凝结着全体人民共同的价值追求。培育和践行社会主义核心价值观，对于促进人的全面发展、引领社会全面进步、实现中华民族伟大复兴中国梦的强大正能量，具有重要现实意义和深远历史意义。

社会主义核心价值观作为广告设计的重要选题来源，通过将社会主义核心价值观24字关键词及衍生的公益和社会范畴的选题引入广告设计，开展公益广告设计创作，能够培养学生用艺术创作的形式践行社会主义核心价值观，树立正确的世界观、人生观和价值观，对学生的价值引领和思政教育导向具有重要作用。

二、社会主义核心价值观广告设计

在过去很长一段时间里，高校广告设计教材分类之一是以公益广告设计为主，公益广告是以为公众谋利益和提高福利待遇为目的而设计的广告；是企业或社会团体通过广告的视觉语言呼吁大众如何解决社会和环境等公益问题的宣传载体，是指不以营利为目的、关注社会公众切身利益和社会风尚的广告。公益事业的深入人心促进公益广告的深入发展，因此，公益广告具有广泛的社会性、紧迫的现实性、深刻的感召性。公益广告设计体现了社会主义核心价值观要求，从广义层面来看，社会主义核心价值观涵盖了公益广告设计的范畴，所以，本书以社会主义核心价值观广告设计进行分类。

社会主义核心价值观广告设计是指通过创意性的图形图像、文字、色彩等元素的组合和运用，以广告的形式来传播和弘扬社会主义核心价值观，使广大受众能够直观、深刻地理解和接受这些价值观念的设计活动。社会主义核心价值观广告设计旨在以吸引人的方式呈现“富强、民主、文明、和谐、自由、平等、公正、法治、爱国、敬业、诚信、友善”这24个字所蕴含的丰富内涵。它借助广告设计媒介运用多样化的设计手法，包括生动的图像、简洁有力的文字、富有感染力的色彩和节奏等，将抽象的价值观转化为具体、可感知的视觉和听觉形象，从而在社会中广泛传播。

社会主义核心价值观广告设计的重要性。一是引导社会风尚，有助于树立正确的价值导向，引导人们形成积极向上的思想和行为，营造良好的社会风气。二是增强社会凝聚力，促进社会成员对共同价值的认同，增强民族自豪感和归属感，从而凝聚社会力量。三是推动社会进步，激励人们为实现国家的发展目标而努力，促进社会在经济、政治、文化等方面不断进步。四是培养公民意识，提高公民的道德素质和责任意识，培养具有爱国情怀、敬业精神、诚信品质和友社会主义核心价值观广告设计具有传播功能、教育功能、激励功能和审美功能等重要的功能。在传播功能方面，将社会主义核心价值观的理念广泛传播给不同年龄、阶层和地域的受众，提高其知晓度。在教育功能方面，以生动形象的方式对受众进行教育，使其深入理解社会主义核心价值观的内涵和意义。在激励功能方面，激发人们积极践行社会主义核心价值观，在日常生活和工作中付诸行动。在审美功能方面，通过精心的设计，给受众带来美的享受，提升广告的吸引力和感染力。总之，社会主义核心价值观广告设计在传播主流价值观念、促进社会和谐发展、提升公民素质等方面发挥着重要作用。

第二节　社会主义核心价值观广告设计的范畴及选题

一、社会主义核心价值观广告设计的范畴

社会主义核心价值观广告设计可以围绕以下几个领域开展创作：一是社会发展领域。展现国家在经济发展、科技创新、基础设施建设等方面的成就，体现“富强”的价值观。宣传民主制度、公民参与决策的过程和方式，倡导“民主”。二是文化教育领域。弘扬中华优秀传统文化，鼓励文化创新和传承，体现“文明”。展示教育公平、优质教育资源普及等方面的努力，推动“和谐”社会的建设。三是法治建设领域。普及法律知识，宣传法律面前人人平等，强调“平等”。展示司法公正、执法严明的案例，体现“公正”“法治”。四是公民道德领域。倡导爱国精神，激发民族自豪感和责任感。宣扬敬业精神，讲述各行各业劳动者的奋斗故事。强调诚信原则，树立诚信榜样，批判失信行为。鼓励友善互助，展现邻里和睦、志愿服务等场景。五是生态环保领域。宣传可持续发展理念，倡导绿色生活方式，体现对和谐自然环境的追求。六是社会公益领域。鼓励人们参与公益活动，关爱弱势群体，传递友善和温暖。七是城市与社区建设领域。描绘和谐社区、文明城市的景象，体现社会的和谐与进步。八是家庭与个人成长领域。展现良好的家风家训，强调家庭和睦对社会和谐的重要性。鼓励个人追求梦想、不断成长，体现自由发展的价值观。如图5.1所示。

图5.1 周春丽《社会主义核心价值观广告》系列

二、社会主义核心价值观广告设计的选题

1. 爱国爱家

爱国爱家公益广告设计是以激发人们对国家和家庭的热爱、增强民族自豪感和家庭责任感为主要目的，通过创意性的视觉、文字、音频等元素的组合和运用，来传达相关情感和价值观念的广告设计活动。爱国爱家公益广告设计通常运用丰富多样的内容和手法，围绕感人的故事叙述、震撼的视觉冲击、温馨的情感触动等，将爱国爱家的主题以直观且深入人心的方式呈现给观众。它可能聚焦于普通人在平凡生活中的爱国爱家行为，也可能展现国家重大事件中体现出的家国情怀。通过各种媒介进行传播，旨在引发广大受众的情感共鸣，促使他们更加自觉地践行爱国爱家的理念。

爱国爱家公益广告设计的主题围绕民族自豪感，展现国家的辉煌历史、伟大成就、独特文化等，激发民众对民族的自豪之情。表现家国情怀，强调家庭是国家的基本单元，家庭的和睦与国家的繁荣息息相关。崇尚奉献与担当，鼓励人们为国家的发展和家庭的幸福贡献力量，勇于担当责任。弘扬传统文化，通过弘扬优秀的传统文化，体现国家和家庭在文化传承中的重要性。

爱国爱家公益广告设计具有鲜明的时代特色。爱国爱家公益广告设计运用温馨、激昂等不同的情感基调，触动观众内心深处的情感，引发强烈的共鸣。通过精美的画面、独特的构图和鲜明的色彩，吸引观众的目光，增强广告的影响力。融入传统文化元素或现代文化符号，使广告更具文化底蕴和时代特色。对于推动情感共鸣、视觉冲击和文化融入，产生强烈的家国情怀效果。帮助人们树立正确的价值观，增强对国家和家庭的认知和责任感。激发共同的情感和价值认同，促进社会的团结和稳定。传承和弘扬爱国爱家的优良传统和文化。鼓励人们在实际生活中积极行动，为国家繁荣和家庭幸福努力奋斗。可见，爱国爱家公益广告设计在传递正能量、塑造良好社会风尚方面发挥着重要作用。如图5.2系列。

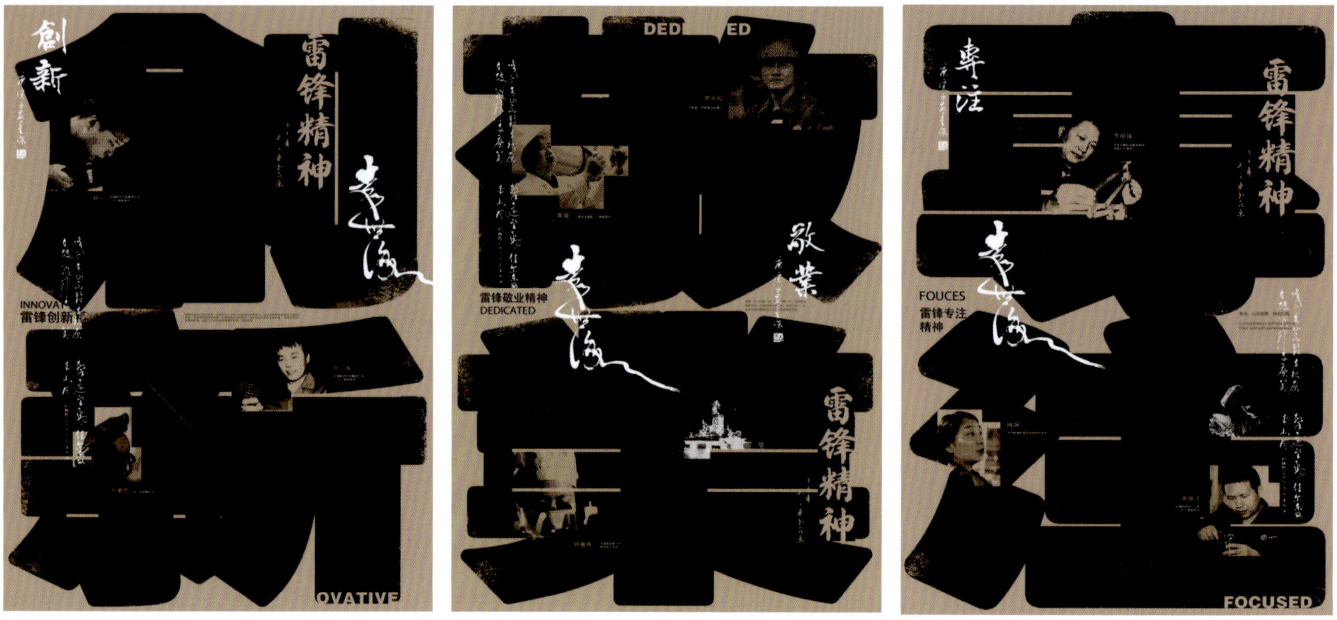

图5.2　王家慧《雷锋精神》

2. 爱心奉献

爱心奉献公益广告设计是指通过创意性的视觉、文字、音频等元素的整合与呈现，以鼓励人们积极参与慈善、志愿活动，关心他人，传递温暖和爱心，促进社会互助与和谐为主要目标的广告设计形式。爱心奉献公益广告设计通常采用触动人心的画面、感人的故事、温馨的色彩和富有感染力的文字，来展现爱心奉献带来的积极影响和改变。它可能聚焦于一个具体的受助案例，也可能从宏观角度呈现爱心奉献对整个社会的意义。通过多样化的媒介进行广泛传播，旨在激发人们内心的善良和同情心，促使他们采取实际行动来奉献爱心。

爱心奉献公益广告设计的主题围绕关爱弱势群体，包括贫困儿童、孤寡老人、残障人士等，呼吁社会给予他们更多的关注和帮助。宣扬志愿服务精神，宣扬志愿者的无私奉献，鼓励更多人参与到志愿服务中来。鼓励慈善行动，推广各种慈善活动和项目（如捐款、捐物、义演等），筹集资源帮助有需要的人。号召互助与友爱，强调人与人之间相互帮助、相互关爱的重要性，营造温暖的社会氛围。

爱心奉献公益广告设计以深情、温暖的表现方式引发观众的情感共鸣，激发他们的爱心。运用富有吸引力的图像和独特的设计风格，迅速抓住观众的注意力。通过简洁的信息传达，让观众能够快速理解广告的主旨。通过生动的画面、感人的故事和深刻的主题，唤醒人们沉睡的爱心意识，让人们深刻认识到爱心奉献对于社会和他人的重要意义，引导人们树立积极的价值观和道德观。它能够将分散的个体力量汇聚起来，形成一股强大的爱心洪流。鼓励更多的人参与到志愿活动、慈善捐赠等爱心行动中，共同为改善社会环境、帮助弱势群体贡献力量。爱心奉献公益广告设计传播爱心奉献的理念和相关活动，提高公众的知晓度和参与意愿。整合社会资源，凝聚各方力量，共同为爱心事业努力。营造积极向上、充满爱心的社会文化氛围。如图5.3所示。

3. 道德观念

道德观念公益广告是一种通过各种传播媒介，运用多样化的表现手法和创意形式，以传播和倡导符合社会主流价值的道德准则、行为规范和伦理观念为主要目的的广告类型。旨在引导公众树立正确的道德判断标准，规范个人行为，促进社会的和谐与进步。它通常聚焦于社会中普遍关注的道德议题，如诚实守信、尊老爱幼、关爱他人、保护环境、遵守法律等。在表现形式上，道德观念广告采用真实的案例故事、生动的动画形象、感人的场景再现或者简洁有力的文字表述等方式，来引起观众的情感共鸣和理性思考。它不仅能

图5.3　郭晓敏《争做新时代雷锋传人》系列

够传递积极的道德信息，还能对不良道德行为进行批判和警示。通过这种方式，它在潜移默化中影响着人们的思维方式和行为习惯，提高整个社会的道德水平。

道德观念公益广告主题围绕诚实守信创作，展示因坚守诚信而收获成功和尊重的案例，以及因失信而遭受损失和谴责的反面教材，引导人们始终秉持诚信原则。尊老爱幼的主题也是常见之选，描绘长辈对晚辈的关爱与教导，以及晚辈对长辈的尊敬与孝顺。展现家庭中温暖的亲情画面，呼吁社会传承和弘扬这一中华民族的传统美德，营造关爱老人、呵护孩子的良好氛围。关爱他人主题的公益广告，能让人们感受到人与人之间的互助与温暖。遵守法律的主题强调法律是社会秩序的保障，通过宣传法律法规的重要性和违法的后果，引导人们知法守法，维护社会的公平正义。

道德观念公益广告具有重要价值。首先，它具有强大的教育引导作用。通过生动形象、富有感染力的表现形式，将抽象的道德观念转化为具体可感的画面和故事，让人们更容易理解和接受。无论是孩子还是成年人，都能在观看广告的过程中受到启发，明白什么是正确的行为、什么是应该坚守的道德准则，从而在潜移默化中塑造良好的品德和行为习惯。其次，道德观念广告能够激发社会的正能量。它聚焦于那些充满爱与善良、责任与担当的瞬间，展示普通人在日常生活中的道德闪光点，让人们看到身边的美好，感受到道德的力量。再者，它有助于促进社会的和谐与稳定。道德观念广告在呼吁人们共同遵守道德底线的同时，也为构建一个和谐、有序、充满温暖的社会环境发挥着积极的推动作用。此外，道德观念广告还能够强化社会的凝聚力和认同感。它所倡导的共同道德价值，能够让不同背景、不同阶层的人们找到共同的精神纽带，增强对社会的归属感和责任感，使整个社会在道德的基础上更加团结一心，共同朝着美好的方向发展。如图5.4所示。

图5.4　赵芷莹《惜·食》系列

4. 文明和谐

文明和谐公益广告是以促进社会文明进步、构建和谐社会为主要目标，通过各种传播渠道和表现形式，向公众传递积极的价值观念、道德规范和行为准则，倡导文明行为、和谐关系以及良好社会风尚的广告类型。文明和谐公益广告通常聚焦于社会生活的各个方面，包括但不限于文明礼仪、公共秩序、人际关系、环境保护、社区建设等。它运用多样化的创意手法，如生动的图像、感人的故事、简洁有力的文字、富有感染力的声音等，来引起公众的关注和共鸣。这类广告旨在激发人们内心对于文明与和谐的向往和追求，促使人们自觉规范自身行为，增强社会责任感，积极参与到构建文明和谐社会的行动中来。它不仅能够引导公众树立正确的价值观和道德观，还能够营造积极向上的社会氛围，推动社会的可持续发展。

文明和谐公益广告的选题聚焦社会公共秩序、文明礼仪、和谐的人际关系、社会公平与正义等选题。在公共秩序方面，它关注人们在公共场所的行为举止，如排队候车、不大声喧哗、不随地吐痰等，倡导大家共同维护公共环境的整洁与安宁。文明礼仪是另一个重要焦点，包括礼貌用语的使用、尊重他人的观点和感受、恰当的社交礼仪等，以促进人与人之间的友好交流与和谐相处。人际关系也是重点选题之一，比如倡导家庭和睦，展现父母与子女之间的关爱、夫妻之间的相互支持；鼓励邻里之间的互助与友善，营造温馨和谐的社区氛围。社会公平与正义也是选题范畴，倡导平等对待每一个人，消除歧视，为所有人提供公平的机会和待遇。此外，文明和谐公益广告还会关注文化传承与交流，鼓励人们传承中华优秀传统文化，尊重多元文化，促进不同文化之间的相互理解与融合。

文明和谐公益广告对社会发展和进步的重要意义不言而喻。它是社会文明的倡导者，通过直观且富有感染力的表现形式，将文明和谐的理念具象化，让人们清晰地了解到什么是文明的行为、和谐的关系，为社会树立起明确的价值导向。它是公众心灵的唤醒者，以触动人心的故事、温馨的画面和有力的话语，激发人们内心深处对真善美的向往，唤起沉睡的道德良知和社会责任感，使人们更加自觉地追求文明与和谐。它也是社会矛盾的调和剂，这类公益广告能够引导人们以包容、理解和友善的态度对待他人，化解矛盾，增进彼此的信任与尊重，促进社会关系的融洽与和谐。它还是社会风尚的引领者，以其广泛的传播力和影响力，塑造积极向上的社会风气，让文明和谐成为一种时尚和追求，吸引更多的人加入到创建文明和谐社会的队伍中来。同时，它更是社会进步的推动者。通过不断传播文明和谐的理念，激发人们的创新精神和创造力，为社会的发展注入源源不断的正能量，推动社会在经济、文化、环境等各个领域实现可持续的进步。如图5.5所示。

5. 公益选题

公益选题的广告设计是以社会公共利益为出发点，选取具有普遍意义和社会关注度的议题，运用创意性的视觉、文字组合，旨在引起公众对特定社会问题的关注、激发公众的社会责任感，并促使公众采取积极行动来解决这些问题的广告设计形式。这类广告设计通常围绕教育、健康、环境保护等众多领域展开。设计师们深入研究选题所涉及的社会现象

图5.5　李梦贾《扶贫攻坚·青山绿水·富强小康》系列

和问题，挖掘其背后的原因和影响，通过巧妙的构思和创新的表现手法，将复杂的社会问题以简洁明了、易于理解和接受的方式呈现给大众。

公益选题的广告设计主要围绕教育领域、健康领域、环境领域、社会公平等选题开展创作。教育领域是重要的选题方向，关注教育资源的公平分配，鼓励支持贫困地区的教育发展，倡导终身学习的理念，激发人们对知识的渴望和追求。健康议题同样备受重视，包括普及疾病预防知识，呼吁关注心理健康，推动健康生活方式的养成，如合理饮食、适量运动、减少不良习惯等。环境保护也是热门选题，保护环境的主题则提醒人们珍惜大自然的恩赐，倡导节约资源、减少污染、爱护动植物等行为。用触目惊心的环境污染画面和生机勃勃的自然美景对比，激发人们的环保意识，共同守护地球家园。社会公平方面，公益广告设计聚焦于消除贫困、减少歧视、保障劳工权益等，努力为每个人创造公平的发展机会和公正的社会环境。此外，还有关爱弱势群体，如帮助残疾人融入社会、关心孤寡老人的生活；以及倡导志愿服务，鼓励人们奉献爱心，共同构建温暖友爱的社会大家庭等选题。

公益选题的广告设计意义重大。首先体现在社会意识的塑造上。通过生动且富有感染力的表现形式，将重要的社会议题呈现在大众面前，引发公众的深入思考，从而提升整个社会对各类问题的认知水平和关注度，推动社会观念的进步和更新。在情感共鸣方面，这类广告设计能够触动人们内心深处的柔软之处，激发起善良、同情、关爱等美好情感，让人们在面对他人的困境和社会的挑战时不再冷漠，而是充满关怀和同理心。从行动引导的角度来看，公益选题的广告设计为人们指明了行动的方向，鼓励大家积极参与到公益事业中，无论是捐款捐物、志愿服务，还是在日常生活中践行环保、关爱他人等理念，都能为解决社会问题贡献一份力量。如图5.6所示。

图5.6　李孟贯《缤纷海洋》系列

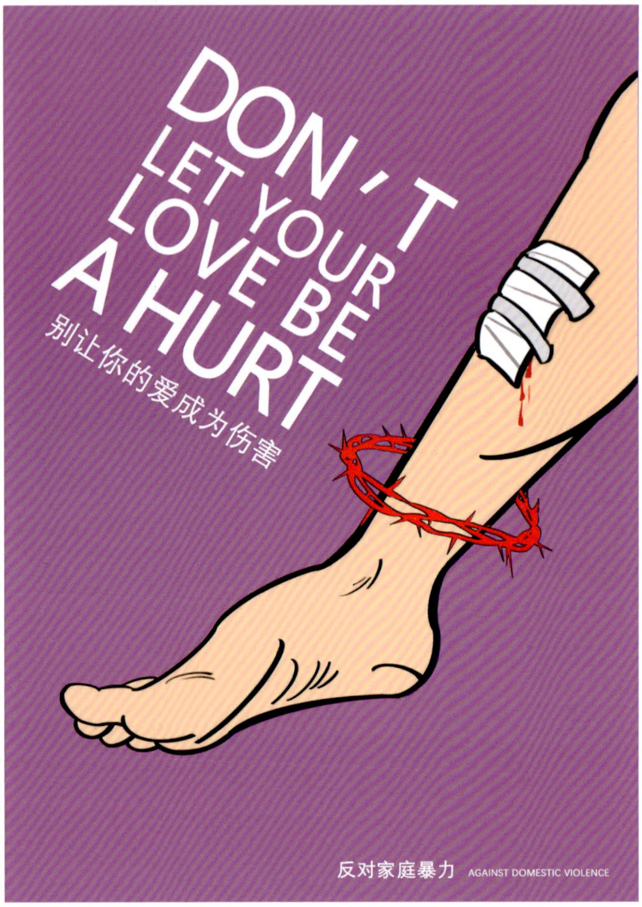

图 5.7　张佳馨《家暴荆棘》系列

第三节　社会主义核心价值观广告设计的创作原则

一、揭露问题的深刻性

这一创作原则是在以社会主义核心价值观为主题的广告设计中，通过深入剖析社会现象和问题，揭示其本质、根源以及所带来的负面影响，以引发公众的深刻思考和关注，从而推动社会的改进和进步。在社会主义核心价值观的指引下，这类广告在揭露问题时，并非仅仅停留在表面现象的呈现，而是深入挖掘问题背后的复杂因素。它以客观、真实且敏锐的视角，洞察不公平、不诚信、不友善等社会中存在的与核心价值观相悖的现象。通过具体而生动的案例、数据或故事，清晰地展现问题的严重程度和广泛影响。这种创作原则要求广告不仅要指出问题所在，更要分析问题产生的历史、文化、经济和社会背景，帮助公众理解问题的深层次原因。同时运用强烈的对比、深刻的隐喻等恰当的艺术表现手法，增强问题的冲击力和感染力，使公众能够感同身受，引发内心的共鸣和反思。如图 5.7 所示。

二、视觉语言的震撼力

视觉语言的震撼力原则是运用极具冲击力、感染力和吸引力的视觉元素、表现手法及画面组合，以在瞬间抓住观众的注意力，强烈触动其情感和思维，从而有效地传达社会主义核心价值观的内涵和重要性。视觉语言的震撼力体现了设计师巧妙运用色彩、构图、形象等视觉元素的设计能力。采用强烈象征意义的人物、场景或符号深刻塑造了公益广告形象，以直观而深刻的方式传递价值观。这种创作原则的目的在于打破观众的视觉惯性，突破常规的表现形式，让广告在短时间内给观众留下深刻的印象，引发他们对社会主义核心价值观的深入思考和认同，并激发他们积极践行这些价值观的热情。可见，社会主义核心价值观广告通过强大的视觉语言，更有力地吸引观众，深入人心。如图5.8所示。

图5.8　敬婷婷《城市守护者》系列

图5.9　敬婷婷《庆祝建党百年》系列

三、视觉语言的说教性

说教性原则指的是在社会主义核心价值观广告中，运用视觉语言的元素和表现方式，以直接、明确且具有引导性的手法向观众传达正确的价值观念、道德准则和行为规范，旨在对观众进行教育和引导。在这类广告中，视觉语言的说教性强调以清晰易懂、毫不含糊的方式传递信息。通过选取模范人物的光辉形象、积极向上的社会场景等具有典型性和代表性的视觉形象，直观地展现出社会主义核心价值观所倡导的理想状态。然而，需要注意的是，说教性并不意味着生硬刻板的说教，而是要在尊重观众的审美和接受心理的基础上，巧妙地将教育性融入富有吸引力和感染力的视觉呈现中，使观众在欣赏广告的同时，自然而然地接受其中所传达的价值观念，并在生活中自觉践行。如图5.9所示。

四、选题的与时俱进性

与时俱进性原则是在社会主义核心价值观广告的创作中，所选取的主题和内容能够紧密跟随时代发展的步伐，敏锐捕捉社会的新变化、新需求和新趋势，与当下的社会现实和时代精神相契合，以确保广告具有强烈的现实针对性和时代引领性。在当今快速发展的社会环境中，社会主义核心价值观广告的选题需要不断更新和调整。与时俱进性要求广告创作能够反映时代的进步和社会的变革，关注当前社会的热点问题和重大事件，如科技创新带来的影响、社会治理的新挑战、文化交流的新动态等。在数字化时代，选题可以聚焦于网络文明、信息安全与共享；面对全球气候变化，倡导绿色发展、低碳生活成为重要主题；在社会治理方面，强调法治精神、公平正义与和谐稳定。如图5.10所示。

五、传达信息的共鸣性

共鸣性原则指的是在社会主义核心价值观广告的选题策划中，着重选取能够引发广大受众在情感、认知和经验上产生强烈共鸣的主题和内容，使得广告所传达的信息能够深入人心，触动受众的内心世界，从而增强广告的传播效果和影响力。社会主义核心价值观广告的共鸣性原则至关重要，它要求选题能够贴近受众的生活实际，挖掘那些家庭的温暖、友情的珍贵、梦想的追求等普遍存在且能引起大众共同感受和思考的话题，这些都是人们在生活中共同经历和珍视的情感与体验。通过选取这样的选题，广告能够以真实、细腻的方式展现人性的美好和社会的正能量，让受众在观看广告时能够在其中找到自己的影子，回忆起相似的经历或感受，从而产生情感上的共鸣。这种共鸣不仅能够加深受众对广告所传达的核心价值观的理解和认同，还能促使他们主动将这些价值观融入自己的行为和观念中。如图5.11所示。

图5.10　鞠济璟《乡村振兴》《科技创新》系列

第六章　中华美育广告设计

【章节介绍】

1. 介绍中华美育广告设计的内涵。
2. 介绍中华美育广告设计的选题。
3. 介绍中华美育广告设计的创作原则。

【学习目标】

1. 通过本章学习，能够了解和掌握中华美育广告设计的题材及形式。
2. 通过本章学习，能够了解和掌握中华美育广告设计的艺术特点及内涵。

第一节　中华美育与广告设计

一、中华美育

当下，中华美育这一词汇非常热门，关于其概念，不同学者理解也不尽相同。笔者参考开相关文献，概述为中华美育是根植于中国深厚的文化土壤，融合了中华民族的哲学思想、道德观念、审美情趣等多重要素而形成的一种独特的教育理念与实践。它以提升个体的审美感知、审美鉴赏和审美创造能力为核心，旨在培养人们对美的敏锐洞察力和深刻理解力，塑造人们的审美品格和人文素养。中华美育不仅局限于艺术教育，而是将美的元素渗透到生活的方方面面。它涵盖了文学、音乐、舞蹈、绘画、书法、戏曲、建筑等多种艺术形式，同时也包括了自然之美、社会之美和人性之美等广泛领域。通过对这些美的体验和领悟，引导个体形成正确的世界观、人生观和价值观，实现个体的全面发展和精神升华。

中华美育拥有源远流长的历史脉络。从先秦时期开始，中国古代的思想家们就已经对美育的重要性有所阐述。孔子主张“诗教”与“乐教”，认为诗歌和音乐能够陶冶人的性情，培养人的品德。他提出的“尽善尽美”的审美标准，影响了后世对美的追求和评判。在漫长的封建社会中，文人墨客通过诗词歌赋、琴棋书画来表达自己的情感和理想，这些艺术活动不仅是个人修养的体现，也成为了社会交往和文化传承的重要方式。进入现代社会，中华美育在继承传统的基础上不断创新发展。随着教育理念的更新和教育制度的完善，美育在学校教育中的地位逐渐提升。同时，社会各界也越来越重视美育对于个体成长和社会进步的重要作用。各类艺术展览、文化活动的广泛开展，为人们提供了更多接触美、感受美的机会。

二、中华美育广告设计

在过去相当长一段时间内，相关教材对中华优秀传统文化领域的广告设计称之为文化招贴，广义上讲，主要是指为社会中的各类文化活动和文化现象而设计的招贴。文化作为一种意识形态，是文明的传承，文化招贴就成为传承文明的载体与媒介。文化招贴作品中所反映的各类信息通过视觉载体传达给人们，形成精神上的感受，成为一种文化现象，映射、聚焦着社会信息。文化招贴的范围一般是为文化机构、文化现象、文化活动、文明传承及文化融合等范畴创作的招贴，在一定的历史时期也称为文体招贴。而近年来倡导的中华美育，就是传承和弘扬中华优秀传统文化精髓，以传统文化之美育人，中华美育广告设计就是通过广告设计的形式展示中华美育精神。

中华美育广告设计是将中华美育的理念、内涵和价值，通过广告这一具有广泛传播力和影响力的形式进行视觉化、创意化呈现的过程。它旨在以独特的设计手法和表现形式，传达中华美育所蕴含的审美观念、人文精神和道德追求，引发受众对美的感知、思考和向往。中华美育广告深入挖掘中华美育的精髓，将其与现代广告设计的原则和方法相结合。

中华美育广告设计以弘扬中华民族的审美理念、文化传统和价值追求为核心，通过巧妙的构思、精美的画面、动人的文案以及多元的媒介渠道进行传播。它从诗词歌赋、书画艺术、传统工艺中汲取灵感，融入现代设计元素，展现出独特的视觉魅力。同时，利用电脑技术、新媒体技术等制作和传播，让受众更直观地感受中华美育的魅力。中华美育广告设计不仅是广告设计传播的手段，更是传承和发展中华优秀文化、提升全民审美素养的重要途径，在潜移默化中激发人们对美的向往和追求，推动社会形成良好的审美风尚。

第二节　中华美育广告设计的范畴及选题

一、中华美育广告设计的范畴

1. 艺术、体育领域

中华美育广告设计在艺术和体育领域主要涵盖了对中华传统艺术形式（如书法、绘画、戏曲、音乐、舞蹈、民间工艺等）的推广、传承与创新，以及对现代艺术与传统艺术融合的展示，艺术教育和培训的宣传等方面。在体育领域主要包括对各类传统体育项目的宣传推广、体育精神的弘扬、体育活动的组织与宣传，以及体育与健康生活方式的关联等方面的设计创作。中华美育广告设计旨在展现中华传统体育项目的独特魅力和深厚文化内涵。通过广告设计，突出传统体育项目所蕴含的和谐、平衡、坚韧等审美价值。在艺术领域，中华美育广告设计致力于呈现中华传统艺术的精湛技艺和深邃意境。传统戏曲演出设计广告，搭配华丽的色彩和富有韵律的排版，展现戏曲的独特魅力。书法和绘画艺术展示传统艺术瑰宝，强调中华艺术的延续与创新。艺术与体育活动的广告设计非常多见，主要为体育、艺术事业等活动所作的宣传。远看奥运会的招贴设计，作为传播信息的载体和具有奥运文化价值的收藏品，具有历史意义。第一届奥运会的招贴诞生于招贴艺术的伊始，具有早期绘画招贴的风格。此后的奥运招贴受到政治的影响，反映战后重建家园的精神以及冷战政治对比的体现，经济复苏后以奥运会为契机发展经济的特点，体现了奥林匹克精神，反映出奥运的历史文化和发展的整体历程。如图6.1所示。

2. 文化、学术交流领域

在文化与学术交流领域，中华美育广告设计涵盖了对中华传统文化的弘扬与传播，包括但不限于传统节日、民俗习惯、古典文学、传统哲学思想、历史遗迹等方面的广告设计。在学术交流领域，涉及学术会议、研讨会、学术成果发布、学术合作项目等相关的广告设计。通过开展各种文化类的学术讲座、学术交流、论坛会、博览会、展览会等经常会在公共场所以招贴作为宣传信息的方式，取得良好的效果。中华美育广告设计通过富有创意和吸引力的方式，展现中华文化的博大精深和独特魅力。为传统节日设计广告时，运用象征节日的元素，同时结合富有诗意的文字描述，唤起人们对节日背后所蕴含的家庭团圆、爱国主义等美好情感的共鸣。对于民俗习惯的广告宣传，通过生动的画面展示民间手工艺制作过程、特色的民俗表演等，让更多人了解和欣赏民俗文化的多样性。在学术交流领域，中华美育广告设计主要侧重于突出学术活动的专业性、创新性和重要性。对于学术会议的广告，会清晰地呈现会议的主题、知名专家学者的参与、前沿的研究议题等关键信息，以吸引相关领域的学者和研究人员积极参与。如图6.2所示。

图6.1　王敏《奥运》

汉字不朽
承载千年
之
青铜篇
金文指的是铸造在殷商与周朝青铜器上的铭文，也叫钟鼎文。"司"和"后"是同源字，"母"意为母亲，"戊"就是战斧和戈组成的长柄武器，是商王武丁的儿子为祭祀母亲而铸造的。

汉字不朽
承载千年
之
绢帛篇
帛书中国古代写在绢帛上的文书，帛书又名缯书，是以白色丝帛为书写材料，《五十二病方》的字体篆书是较早的一种，全书为九千九百十一字，是目前我国现存最早的医学集著。

汉字不朽
承载千年
之
竹简篇
篆书，汉字的一种字体，即象形性较强的书体，是隶书之前的字体。《孙子兵法》采用篆书，是中国现存最早的兵书，也是世界上最早的军事著作，是古代军事思想精华的集中体现。

汉字不朽
承载千年
之
纸 篇
落纸如雲煙焦遂五斗
方卓然高谈雄辩驚四
筵
行书，是一种书法统称，分为行楷和行草两种。它在楷书的基础上发展起源的，是介于楷书、草书之间的一种字体，实用性和艺术性皆高。杜甫的饮中八仙歌，描写了古人挥笔疾书，若得神助，其书如云烟之泻于纸张的场景。

汉字不朽
承载千年
之
兽骨篇
甲骨文，是中国的一种古老文字，又称"契文"、"甲骨卜辞"、"殷墟文字"。把这种农业文明用文字体现并记录下来，反映农民和治理者对农业认知和利用进程的种种思想意识，即构成了不同的农政文化。

汉字不朽
承载千年
之
竹简篇
这张插画的载体使用的是汉代竹简《为食方》，竹简内容记载了汉代许多宫廷菜谱的制作细节，汉字所留下的古人菜谱，历经千年重现在人们的餐桌，意义非凡。于是描绘了一幅古人做菜时的场景。

汉字不朽
承载千年
之
青铜篇
何尊内底铸有铭文12行、122字铭文，铭文，是古人在青铜礼器上加铸铭文以记铸造该器的原由，何尊上的"宅兹中国"为"中国"一词最早的文字记载，勾勒了周天子定鼎洛邑、治理天下的宏伟蓝图

汉字不朽
承载千年
之
缯帛篇
楚帛书是现存最早的春秋战国时代唯一的完整帛书，图中讲的是乙篇的神话火神祝融。其字体扁平而稳定，均衡而对称，端正而严肃，介于篆隶之间，其笔法圆润流畅，直有波折，曲有挑势，在点画顿挫中展其清韵。

图6.2 杨礤嘉《汉字不朽 承载千年》系列

3. 民间民俗、传统元素的收集

中华美育广告设计中关于民间民俗、传统元素的收集，其范围界定颇为广泛。节日庆典方面，涵盖了春节的红色春联、喜庆灯笼、热闹鞭炮；元宵节的五彩花灯、甜蜜汤圆；端午节的翠绿粽叶包裹的粽子、气势磅礴的龙舟等。这些元素凝聚着特定节日的欢乐氛围与深厚寓意。民间工艺元素也是重要组成部分，它展现着民间艺人的匠心独运。民俗表演元素同样不容忽视，像舞龙舞狮、皮影戏、木偶戏、杂技等，都充满了艺术感染力。传统建筑元素、传统服饰元素、民间信仰元素、传统美食元素等，展示着中华优秀传统文化的博大精深。中国的民间传统元素丰富多样。纵向看，远古的中国便有民间符号的历史，形成人类视觉传达的渊源，从手工绘画到印刷载体，文明传承的载体和表现更加丰富多样；横向看，民族文化的差异、地域文化的差异和历史的渊源继承产生大量民间文化，现代社会不断发展的民间元素、社会的风俗等，也都形成了设计选题的亮点；那些即将消失的非物质文化遗产，更是我们应该用招贴的创意语言去呼吁社会的关注。这些形象经过艺术处理可以作为招贴中的设计插图语言，尤其是为文明传承、中西融合的广告设计提供设计选材，例如，中国大学生计算机设计大赛中每年都有中华优秀传统文化主题设定，未来设计师·全国高校数字艺术设计大赛、中国好创意暨全国数字艺术设计大赛等都有关于民间民俗等传统元素类的选题，“东+西”国际大学生海报双年展的主题海报创作等，大都以中国特有的视觉元素为主表现主题的。如图6.3所示。

图6.3　李鑫璐《东北年俗》系列

二、中华美育广告设计的选题

1. 古代美育元素

中华美育广告设计中关于古代美育的选题，主要聚焦于中国古代各个历史时期所形成和发展的美育理念、实践、教育方式以及相关的文化艺术作品等方面。从先秦时期的“六艺”教育，到后来的诗词歌赋、琴棋书画，再到建筑、园林、服饰等方面的审美追求，都体现了古代美育的思想。孔子强调的“诗教”和“乐教”，认为诗歌和音乐能够陶冶人的性情，培养人的品德。而古代的文人墨客通过诗词创作来表达情感、抒发志向，书法和绘画则成为他们修身养性、追求艺术境界的重要方式。通过对古代美育理念的研究，可以发现其中对于人格修养、道德规范、社会和谐等方面的重视，选取古代文人的美育故事作为创意元素，或以古代经典的艺术作品等作为广告设计灵感，提取其中的色彩、构图、线条等元素，进行现代的创意转化，融入现代广告设计之中，以生动的画面和简洁的文字展现他们对美的执着追求。

2. 近代美育元素

中华美育广告设计中关于近代美育的选题，重点围绕中国近代（通常指1840年鸦片战争至中华民国期间）所出现的美育观念变革、教育实践探索以及与美育相关的社会文化现象。近代中国处于社会变革的关键时期，美育也在这一背景下发生了重要变化。西方文化的传入带来了新的艺术形式和审美观念，同时国内有识之士开始重视美育对于国民素质提升和社会进步的作用。王国维、蔡元培等思想家积极倡导美育，将其视为培养全面发展的人才的重要手段。一些新式学堂开设了美术、音乐等课程，推动了美育的普及。在广告设计方面，以这一时期普及性的美育活动，艺术展览、文艺社团、文艺活动、民间故事、典型案例、民间传说等，展示近代中华优秀传统文化中的美育思想和优秀成果。

3. 现代美育元素

中华美育广告设计中关于现代美育的选题，主要定位于自五四运动以来西学东渐尤其是新中国成立至今这段时期，涵盖现代中国在美育理念、教育政策、实践活动、大众审美观念变迁以及与美育相关的科技发展和新媒体应用等方面。重要的是现代美育与思想政治教育紧密相关，中国近现代时期的革命文化、新中国生产生活的红色文化、社会主义新时期的先进工业文化和现代文明等元素都成为中华美育广告设计中具有显著的现实意义和时代特征的重要选题。这些选题从新时代五育并举到五育融合，从美育到思政教育，对于培养德智体美劳全面发展的高素质人才具有重要意义。将现代美育元素融入中华美育广告设计中，面向师生和社会大众将美育文化进校园、进课堂，美育浸润服务社会，开展丰富多彩的艺术展览、艺术活动和文化讲座等，选题丰富多样。

第三节　中华美育广告设计的原则

一、文化性原则

中华美育广告设计的文化性原则是在进行中华美育相关的广告设计过程中，充分尊重、体现和传承中华优秀传统文化的内涵、价值观念以及审美特质，以确保广告作品能够准确传达中华美育的精神实质，并与受众的文化心理产生深度共鸣。它强调了对中华传统文化的深入理解和挖掘。中华传统文化蕴含着丰富的哲学思想、道德规范、审美情趣等，这些都是中华美育的重要源泉。遵循文化性原则，要求设计师在创作时，不仅是简单地运用传统文化元素的表象，更要深入领会其背后所承载的文化内涵和精神价值。另外，文化性原则注重文化的传承与创新。中华美育广告设计既要保留传统文化的精髓，使其得以传承和延续，又要结合现代社会的需求和审美趋势，对传统文化进行创新性的转化和表达。通过创新的设计手法，让古老的文化在现代社会中焕发出新的活力，吸引更多人的关注和喜爱。如图6.4所示。

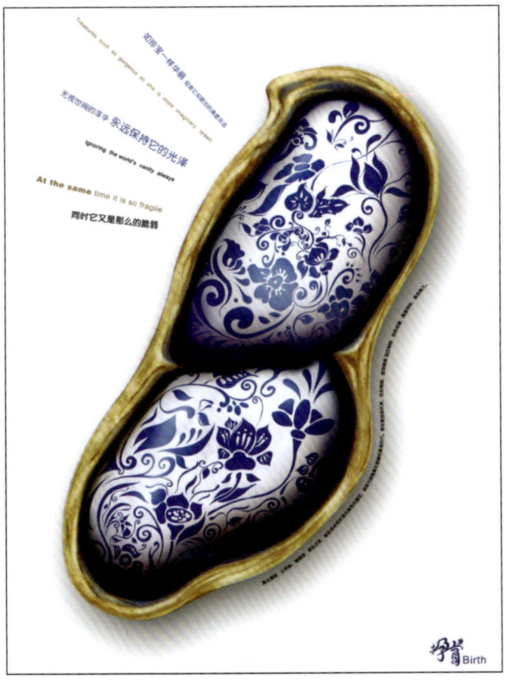

图6.4 徐伟《文化传承》系列

二、故事性原则

中华美育广告设计的故事性原则，指的是在中华美育相关的广告创作中，运用具有情节、人物和情感等要素的故事形式来传达美育信息和理念，使广告更具吸引力、感染力和传播力。中华美育广告设计通过构建一个生动有趣的中华优秀传统文化故事框架，能够迅速抓住受众的注意力，激发他们的好奇心和兴趣，让他们更愿意主动去了解广告所传达的美育

卯
兔
Rabbit articulate
Chinese Zodiac Signs
十二生肖
·
十二地支
卯
兔
/传/统/文/化/
卯兔，十二生肖的第四位。
在中国，兔子象征着长寿，具有了忠实和自我牺牲的象征。
清晨5点至7点，属卯时，天刚亮，兔子出窝，喜欢吃带有露露的青草，故称"卯兔"。

巳
蛇
Snake deep
Chinese Zodiac Signs
十二生肖
·
十二地支
巳
蛇
/传/统/文/化/
巳蛇，十二生肖的第六位。
蛇的象征意义不仅有幸运、吉祥和神圣，还有狡猾阴冷。
上午九点至十一时，属巳时，大雾散去，艳阳高照，蛇类出洞觅食，故作"巳蛇"。

辰
龍
Rat charm
Chinese Zodiac Signs
十二生肖
·
十二地支
辰
龍
/传/统/文/化/
辰龙，十二生肖的第五位。
在中国传统文化中龙是权势、高贵和尊荣的象征。
早晨七点至九点，属辰时，此时一般容易起雾，传说龙喜腾云驾雾，旭日东升，故称"辰龙"。

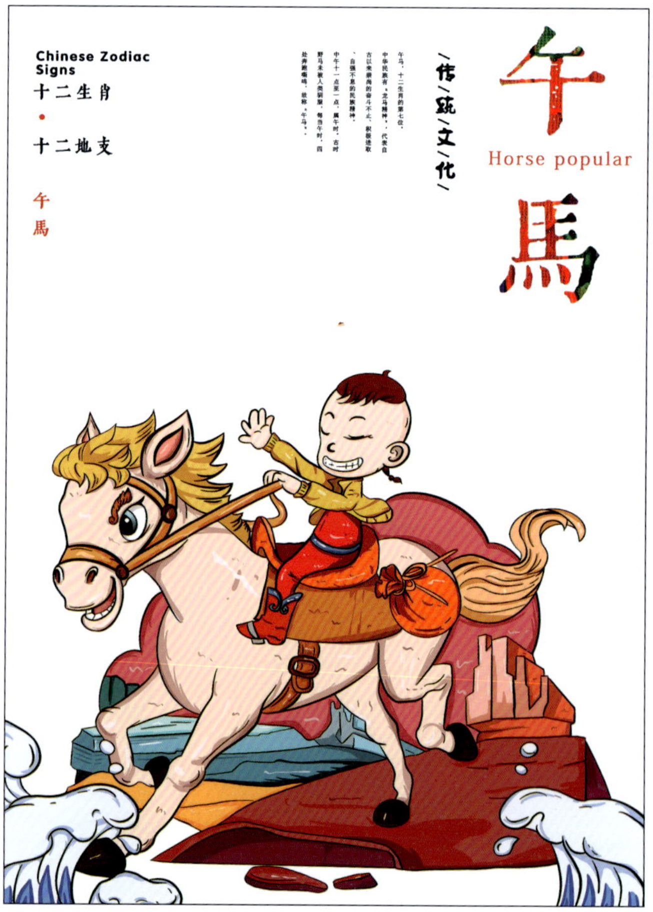
午
馬
Horse popular
Chinese Zodiac Signs
十二生肖
·
十二地支
午
馬
/传/统/文/化/
午马，十二生肖的第七位。
中华民族有"龙马精神"，代表自古以来崇尚的奋斗不止、积极进取、自强不息的民族精神。
中午十一点至一点，属午时，古时野马未被人类驯服，每当午时，四处奔跑嘶鸣，故称"午马"。

Chinese Zodiac Signs
十二生肖
十二地支
未羊
/传/统/文/化/
未羊，十二生肖的第八位。
羊的文化意义有仁义公平、崇尚祥和、权利与财富的吉祥象征意义。
午后一点至三点，属未时，有的地方管此时为"羊出坡"，意思是放羊的好时候，故称"未羊"。
未
Goat elegant
羊

Chinese Zodiac Signs
十二生肖
十二地支
酉雞
/传/统/文/化/
酉鸡，十二生肖的第十位。
鸡最显著的象征意义就是守信、准时，自古以来，都有金鸡报晓
下午五点至七点，属酉时，太阳落山了，鸡在窝前打转，故称"酉鸡"。
酉
Rooster deep thinkers
雞

Chinese Zodiac Signs
十二生肖
十二地支
申猴
/传/统/文/化/
申猴，十二生肖的第九位。
古代人普遍认为猴为吉祥物，由于猴与侯谐音，在许多图画中，猴的形象表示封侯的意思。
下午三点至五点，属申时，太阳偏西了，猴子喜在此时啼叫，故为"申猴"。
申
Monkey clever
猴

Chinese Zodiac Signs
十二生肖
十二地支
戌狗
/传/统/文/化/
戌狗，十二生肖的第十一位。
狗，也称"犬"，学名"家犬"。一种常见的犬科哺乳动物，是狼的近亲。
傍晚七点至九点，属戌时，人劳碌一天，闩门准备休息了，狗卧门前守护，一有动静，就汪汪大叫，故为"戌狗"。
戌
Dog loyalty
狗

图6.5　茅史琴《十二生肖》系列

内容。此外，中华美育广告设计塑造传统文化中的教育家、艺术家、传承民间技艺的工匠、革命文化中的民族英雄、社会主义先进文化中的科学家等典型代表性人物，通过榜样的力量让受众更容易产生情感共鸣，感受到美育的力量和价值。这些传统故事蕴含丰富的情感，借助情感的力量，能够打动受众的内心，引发他们对于美的思考和感悟。如图6.5所示。

三、教育性原则

中华美育广告设计的教育性原则是在进行中华美育相关的广告创作时以传播知识、培养审美能力、塑造价值观和引导良好行为为目的，使广告作品具有明确的教育意义和积极的教育影响。中华美育涵盖了艺术史、文化传统、审美标准等丰富的内容，通过广告设计，将这些知识以简洁明了、生动有趣的方式呈现给受众，能够增加他们对中华美育的了解。广告作品应通过美的形式和内容，引导受众学会欣赏美、感受美，提高他们对美的敏感度和判断力，从而提升整体的审美水平。中华美育蕴含着和谐、谦逊、勤奋等诸多优秀的价值观，将这些价值观融入广告设计，潜移默化地影响受众的思想观念，使其形成积极向上的价值取向。中华美育广告设计倡导人们传承中华优秀传统文化，将美育的理念转化为具体的行动。如图6.6所示。

图6.6　齐思远等《器韵药语　坤载域物》系列

四、审美性原则

中华美育广告设计的审美性原则是指中华美育主题的广告设计遵循美的规律和法则，以创造出具有高度审美价值和艺术魅力的广告作品，从而引发受众的审美体验和情感共鸣。一是传承中华优秀传统文化的形式美原则。包括传统文化艺术中的民族艺术符号，图案中的色彩、构图、装饰图案、字体等形式美语言。二是传承传统文化中的内涵美原则。传统文化蕴含深厚的文化底蕴、积极的情感和深刻的思想，使受众在欣赏的过程中不仅获得视觉上的享受，还能在精神层面得到滋养和启发。三是创新性是保持审美性的关键。在继承中华传统美学精髓的基础上，结合现代审美观念和技术手段进行创新，为广告作品注入新的活力，使其在众多广告中脱颖而出。如图6.7所示。

图6.7　魏荣　张煜偲　王艳敏《飞天礼赞》系列

第四节　中华美育广告设计的价值取向

一、文化传承

中华美育广告设计的文化传承价值取向，是所秉持的以传承和弘扬中华优秀传统文化的价值观念、审美标准、道德规范等为核心导向的设计理念和目标追求。它强调了对中华传统文化核心价值的坚守，注重挖掘和展现传统文化中的审美标准，有助于维护和传承传统的道德规范，推动了传统文化与现代社会的融合。文中华美育广告设计揭示历史、社会本质，深刻反映客观现实，呼吁、号召着人们对文化的继承发展、与时俱进、开拓创新。广告设计就是很好的一面放大镜，聚焦、映射着不同的社会与历史，传承着不同区域、民族的文化，因此它的横向与纵深的范围要求设计师的综合素养与设计内涵的完美结合，这正是文化招贴的深度所在。中华美育广告设计的文化传承价值取向，为广告设计赋予了深厚的文化内涵和积极的社会意义，有助于促进中华优秀传统文化在当代社会的传承与发展。如图6.8所示。

二、学术研究

中华美育广告设计所遵循和倾向的以追求知识深化、理论构建、方法创新以及对相关现象和问题进行系统性、科学性分析为核心目标的研究导向。中华美育广告设计具有极高

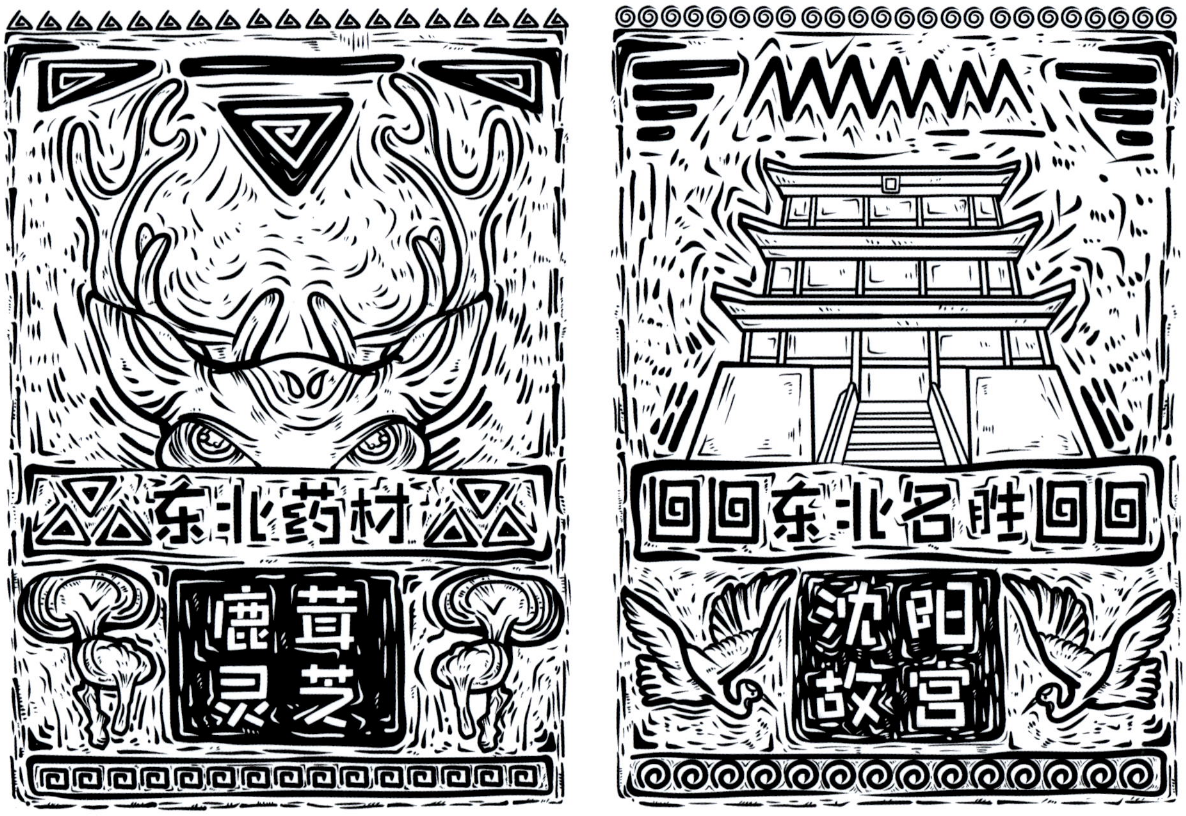

图6.8　李梦贾《辽宁特色图鉴》系列

的学术研究价值，它致力于知识的深度挖掘和拓展，从艺术学、美学、文化学、传播学、心理学等视角着重理论的构建与完善。中华美育广告设计对一系列具有代表性的中华美育案例进行深入分析，探讨其在审美教育、文化传承、社会影响等方面的作用和价值，从而为未来的广告设计实践提供有益的参考和借鉴。其反映的范围包括历史、科教、文学、艺术、体育、音乐、电影、戏剧、画展、衣食住行等各种现象，通过形式语言的视觉传达映射生活，范围之广、跨越时间之久远，对各类现象都可以采用视觉语言的形式聚焦表现，是学术研究的强有力的映射。因此，中华美育广告设计具有极高的学术价值。如图6.9所示。

图6.9　王荧《江西方言》系列

三、创新设计

中华美育广告设计的创新设计价值取向，以突破传统、追求新颖独特的创意表达、形式展现和理念传达为核心导向，致力于创造具有前沿性、引领性和变革性的广告设计作品。中华美育广告设计虽然是文化的映射，但不是一成不变的，文化招贴的视觉内涵和形式语言是与时俱进、开拓创新的，用一种前卫、领先、时尚、新颖的视觉语言说话。香港著名平面设计大师靳埭强一生中创作了大量文化招贴，他认为，原则有三条："立意——意念先行，以形取神；创新——承先启后，破旧立新；活用——适身合用，灵活生动。"这正是文化招贴开拓创新的特点，我们在设计文化招贴时，坚持文化招贴的属性和特点，秉承与时俱进、开拓创新的原则，力求以新的形式、手段，表现社会中的各种文化现象的题材，定能取得良好的效果。如图6.10。

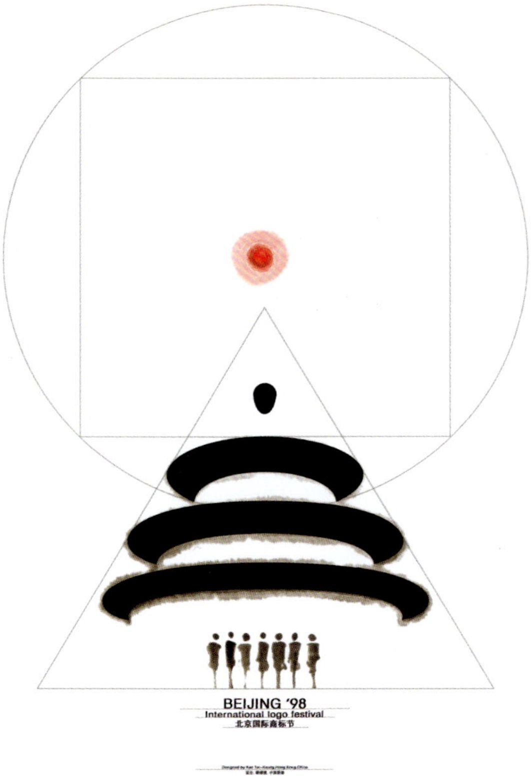

图6.10　靳埭强《北京国际商标节》

【课后思考与练习】

1. 中华美育广告设计与文化招贴设计的区别是什么?

2. 中华美育广告设计有何独特性及价值?

3. 中华美育广告设计的思政元素如何提取和把握?

4. 结合中华优秀传统文化类设计大赛，设计2套中华美育广告设计，含调研分析、创意来源、创作草图、方案展示、应用效果等，以PPT形式进行汇报。

清正
廉洁
不贪为宝 身贵廉明
子罕以“我以不贪为宝，尔以玉为宝，若以与我，皆丧宝也”为由拒绝，体现了他廉洁自律的高尚情操。
公 则 生 明 廉 则 生 威

广告设计

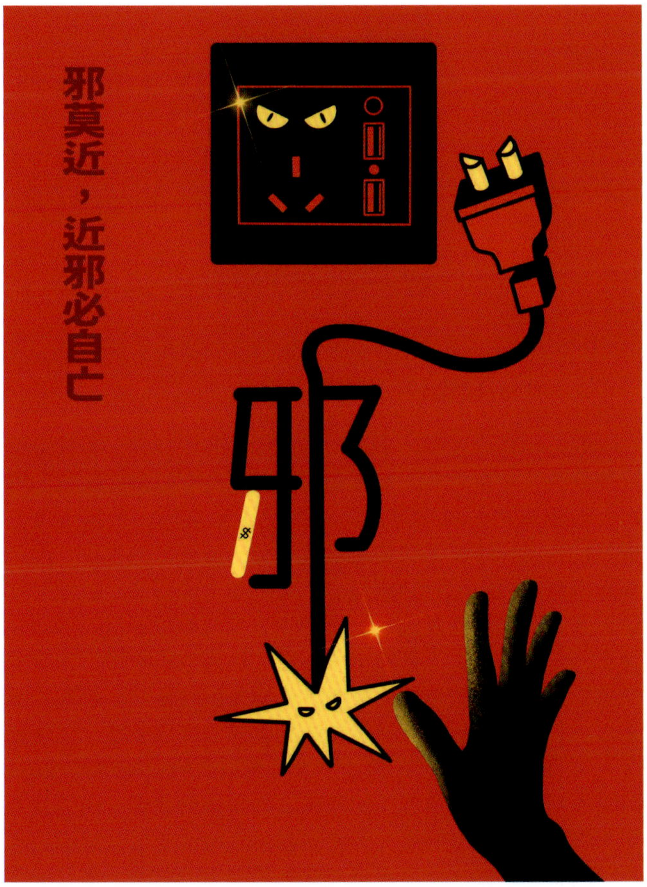

图7.4 刘敏《拒绝“贪、腐、邪”》系列

第三节 廉洁教育广告设计的原则

一、说教性原则

廉洁教育广告设计中的说教性原则是通过明确、直接且具有引导性的方式，向受众传达廉洁的重要性、腐败的危害以及正确的价值观念。首先，信息的准确性和权威性是说教性原则的基础。广告所传递的关于廉洁和腐败的知识、法律规定以及道德准则必须准确无误，来源可靠，以增强说服力和可信度。其次，表达的清晰性和简洁性至关重要。要用通俗易懂的语言和直观的图像，避免复杂晦涩的表述，确保受众能够轻松理解广告的核心内容。再者，强调正面引导。不仅要指出腐败的错误，更要突出廉洁行为带来的积极影响和个人价值的实现，为受众树立明确的榜样和目标。可以通过讲述廉洁人物的成功故事，激励人们效仿。此外，要有情感的共鸣。在说教过程中，适当融入情感元素，如对腐败行为的愤怒和对廉洁社会的向往，引发受众的情感回应，从而加深他们对廉洁重要性的认识。最后，要注重反复强调和强化。通过多次重复关键信息和观点，加强受众的记忆和认知，使其在思想深处形成对廉洁的坚定信念。如图7.5所示。

图7.5　王墨晗《莲生莲 廉生廉》系列

二、批判性原则

廉洁教育广告设计中的批判性原则是以理性、客观且深入的视角，对腐败现象及其背后的原因、影响进行剖析和审视，并通过广告作品激发受众的思考和反思。一是深度剖析。广告设计不仅停留在对腐败行为表面现象的呈现，而是深入挖掘权力滥用、制度漏洞、道德缺失等根源，引导受众认识到腐败问题的复杂性和严重性。二是客观评价。保持中立和公正的态度，不偏袒、不回避，对腐败现象进行实事求是的批判，避免情绪化的宣泄，以理性的论证和分析来说服受众。三是引发反思。通过独特的创意和表现手法，促使受众对自身所处的社会环境、个人行为以及价值观进行反思，引发他们对自身廉洁意识的思考。四是推动变革。强调批判性不仅是为了指出问题，更要激发受众对改变现状的渴望和行动的决心，促使社会形成对腐败零容忍的氛围，推动制度的完善和社会的进步。如图7.6所示。

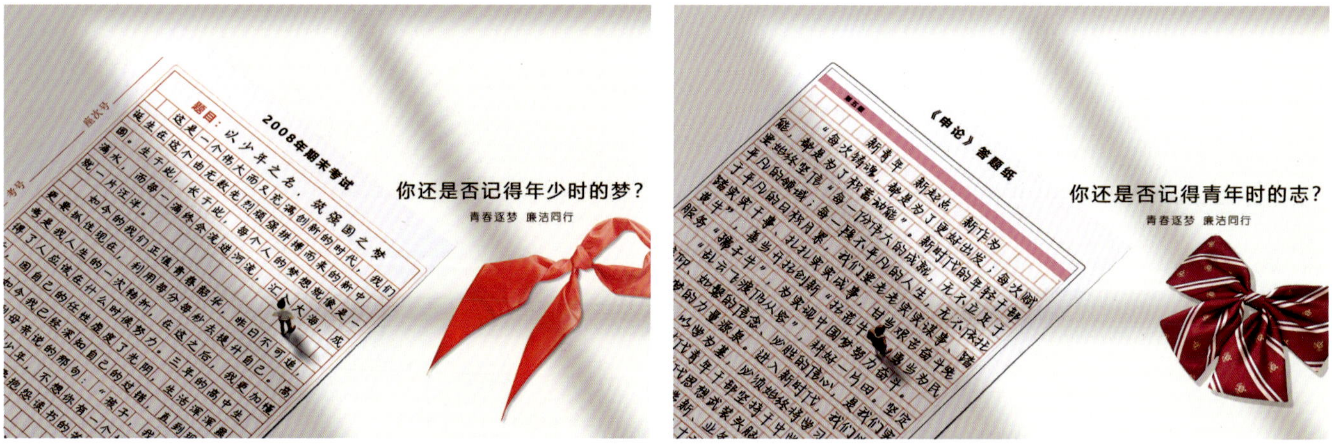

图7.6　王佳琳《这般储蓄》《权钱交易》系列

三、榜样性原则

廉洁教育广告设计中的榜样性原则是突出展现廉洁榜样的形象、事迹和品质，以他们的示范作用来引导和激励受众追求廉洁的价值观念和行为方式。首先，精准选择榜样。所选取的榜样应具有代表性和权威性，他们的廉洁事迹真实、感人且具有广泛的影响力。这些榜样可以是历史上的清官廉吏，也可以是当代的优秀公职人员、社会楷模或普通民众中的廉洁典型。其次，生动展现事迹。运用丰富多样的表现手法，将榜样的廉洁事迹生动地呈现出来。注重细节的刻画，让受众能够身临其境般地感受到榜样在面对诱惑和困难时的坚定选择。再者，强调品质传递。不仅是叙述榜样做了什么，更要突出他们所具备的正直、诚信、自律、公正等廉洁品质，让受众明白这些品质是成就廉洁行为的内在支撑。最后，激发行动引领。通过榜样的示范，激发受众在自己的生活和工作中积极效仿，树立廉洁意识，践行廉洁行为。如图7.7所示。

图7.7　王怡苏《官花之美，廉洁绽放》系列

四、讽刺性原则

廉洁教育广告设计中的讽刺性原则是一种通过幽默、夸张、反讽等手法，对腐败现象进行批判和揭露，以引起受众关注和反思的创作原则。一是尖锐揭示。以犀利的视角和表现方式，毫不留情地指出腐败行为的荒谬、可笑和丑陋之处，让受众清晰地看到腐败带来的负面后果。二是幽默表达。运用幽默的元素，使严肃沉重的腐败话题以相对轻松的方式呈现，既能吸引受众的注意力，又能减轻他们在面对这类问题时的心理压力。三是引发共鸣。通过讽刺性的手法，触动受众的内心，让他们在欢笑中产生对腐败现象的共同反感和批判，从而形成社会共识。四是巧妙对比。将廉洁与腐败进行鲜明对比，突出两者之间的巨大差异，增强讽刺效果。如图7.8所示。

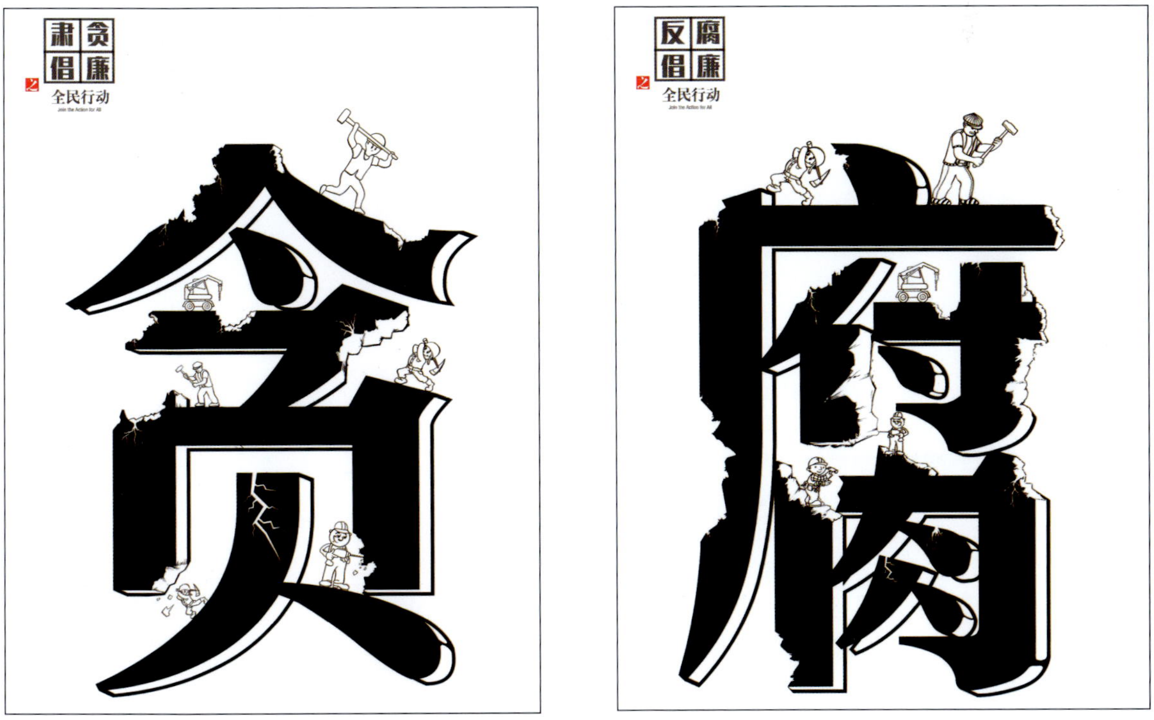

图7.8　林梦娇《反腐倡廉之全民行动》系列

第四节　廉洁教育广告设计的价值取向

一、社会意义

廉洁教育广告设计的社会意义重大。首先，促进社会公平正义。通过广告设计传播廉洁理念，有助于打破特权和关系网，让每个人都能在平等的条件下参与社会活动，获得应有的机会和资源，从而推动社会向更加公平、公正的方向发展。其次，增强社会信任。廉洁教育广告强调廉洁的重要性，展示打击腐败的决心和成果，逐步恢复和增强社会各界之间的信任关系。当人们相信制度是公正透明的，信任就会在社会中蔓延，促进社会的和谐稳定。再者，推动社会经济健康发展。廉洁的价值取向在广告设计中的体现，可以引导企业和个人遵循合法合规的经营和行为方式，提高经济活动的效率和质量，吸引更多的投资和合作，为社会经济的持续健康发展创造有利条件。然后，培养良好的社会风气。广告所传达的廉洁价值能够影响人们的思想和行为，促使大家树立正确的价值观和道德观。当廉洁成为社会的主流价值追求，铺张浪费、贪污受贿等不良风气将得到遏制，勤俭节约、清正廉洁的风尚将得以弘扬。最后，维护社会稳定与和谐。强调廉洁的广告设计有助于消除社会的不稳定因素，促进社会各阶层之间的和谐共处，保障社会的长治久安。如图7.9所示。

图7.9　杨璟赟《风清气正》《清正廉明》系列

二、教育意义

廉洁教育广告设计对高校、社会都具有重要的教育意义。其一，启蒙与引导。对于尚未形成完整价值观的青少年群体，廉洁教育广告能够在他们的心中播下廉洁的种子。通过生动、有趣的广告设计，以简单易懂的方式让他们初步认识到廉洁的重要性和腐败的危害，引导他们在成长过程中树立正确的价值观念。其二，深化认知。对于成年人，尤其是已经步入社会的人群，这类广告可以进一步深化他们对廉洁的理解，深入思考廉洁在个人职业发展、社会交往等方面的关键作用，从而更加自觉地践行廉洁原则。其三，塑造行为模式。广告中的具体案例和榜样力量能够为人们提供行为参考，告诉他们在面对各种诱惑和抉择时，应该如何坚守廉洁底线，做出正确的选择。其四，培养批判性思维。通过对腐败现象的分析和批判，激发受众的思考，让他们学会辨别是非善恶，不被不良风气所影响。如图7.10所示。

图7.10　韩圆圆《清白的画卷 廉洁的标尺》

三、推广意义

廉洁教育广告设计在各领域中的传播，具有推广价值和意义。首先，提高公众意识。通过具有吸引力和影响力的广告设计，能够将廉洁的理念广泛传播给社会大众，使更多的人了解廉洁的重要性和意义，从而增强公众对廉洁的关注度和认知水平。其次，营造社会氛围。优秀的廉洁教育广告能够营造出一种崇尚廉洁、抵制腐败的良好氛围。当这样的广告大量出现并传播时，它们会形成一种舆论导向，促使人们在日常生活和工作中更加注重廉洁行为。再者，形成社会共识，增强凝聚力。当人们对廉洁有了共同的追求和价值认同，就会增强社会的凝聚力和向心力。廉洁教育广告设计的推广活动，可以在校园、社区、企业开展设计展览，形成可复制、可推广的展示和传播模式，在各类群体中形成反腐倡廉的氛围，通过反腐倡廉的警示教育在人们心中形成固化的廉洁观念。如图7.11所示。

图7.11　张雅儒《印出美好景象》系列

【课后思考与练习】

1. 廉洁教育广告设计的内涵是什么?
2. 廉洁教育广告设计有何独特性及价值?
3. 廉洁教育广告设计的思政元素如何提取和把握?
4. 结合廉政文化作品大赛，设计2套廉洁教育广告设计，含调研分析、创意来源、创作草图、方案展示、应用效果等，以PPT形式进行汇报。

Good Taste & Fresh
Cold
100% APPLE
Cold
100% Pure Apple !
Del Monte
Quality

商业广告作为一种重要的传播手段，在开展课程思政方面具有独特的潜力和方式。首先，商业广告培养学生的社会责任感。商业广告不仅是为了促进销售，更应该对社会产生积极的影响。宣传环保理念、倡导公平正义、弘扬传统文化等成功将社会责任融入广告创意的案例，在传递商业信息的同时，也能够成为推动社会进步的力量。其次，培养学生的正确的道德观和伦理观。在广告创作中坚守诚实守信的原则，不夸大、不虚假宣传，尊重消费者的权益。一些因违背道德伦理而引发负面效应的商业广告，成为违背诚信和道德的警示案例。再者，对本土文化和民族精神的传承与弘扬。在广告设计中融入中华优秀传统文化元素，展现中华民族的独特魅力和价值观念。将传统节日、民俗文化、经典艺术等融入广告创意，增强民族自豪感和文化自信。同时，培养学生的创新思维和批判性思维。分析和评价各类商业广告，思考其背后的价值取向和社会影响。激发学生在广告创作中勇于创新，提出具有正能量和积极导向的创意，以适应社会发展的需求。总之，将思政元素有机融入商业广告课程中，不仅能够培养学生的专业素养，更能塑造其正确的价值观和社会责任感，使他们成为有担当、有创新精神的广告人才。

第一节　商业广告设计的范畴及选题

一、商业广告设计的范畴

1. 报纸广告

报纸[newspaper(s)]是以刊载新闻和时事评论为主的定期向公众发行的印刷出版物，是大众传播的重要载体，具有反映和引导社会舆论的功能。报纸是时效性较强的传播媒介。以报纸为载体发布的广告为报纸广告（newspaper ad-vertising）。

报纸广告优点：第一，报纸广告传播广泛；第二，报纸广告传播迅速；第三，报纸广告编辑灵活，容易更换，信息量广泛；第四，报纸广告具有阅读的亲和力；第五，报纸广告具有发布的连续性；第六，报纸广告容易收集保存、便于查询。

报纸广告也存在弱点：第一、容易被破坏、遗弃，使广告的效应受到影响；第二、由于报纸的材质与印刷技术，使报纸广告的视觉效果不精美，色泽感弱，影响整体的传达效果。如图8.1所示。

ASBURY PARK PRESS

HORROR

WORLD TRADE CENTER DESTROYED; PENTAGON HIT

BUSH: 'FREEDOM ITSELF HAS BEEN ATTACKED'

SPRING LAKE COUPLE IN FATAL PA. JET CRASH

图8.1 《阿斯布里公园新闻》

2. 杂志广告

杂志，有固定刊名，以期、卷、号或年、月为序，定期或不定期连续出版的印刷读物。它根据一定的编辑方针，将众多作者的作品汇集成册出版，定期出版的，又称期刊。

这种类似于注重时效的报纸的手册，兼顾了更加详尽的评论，一种新的媒体也就因这样特殊的原因而产生了。杂志广告（magazine advertising）是指刊登在杂志上的广告。

杂志广告的特点是：第一，发行量大，发行的范围广。在书店、图书馆、报刊亭都可以看到，也可以订阅，由于网络时代的便捷，也出现一些网络版杂志。第二，保存周期长，宣传力度持久。杂志是除了书以外，比其他印刷品更具持久性的一种媒体。第三，有明确的读者对象。杂志种类繁多，从出版时间上看，有周刊、旬刊、半月刊、双月刊、季刊等；从内容上看，有政治、军事、娱乐、文化、经济、生活、教育等。第四，印刷精致。报纸的纸质比较粗糙，杂志的纸质相对来说要细腻得多。杂志的封面、封底常彩色印刷，图文并茂，本身就是很好的广告宣传。

3. 户外广告

户外广告，一般把设置在户外的广告叫作户外广告。常见的户外广告有：路牌广告、站牌广告、墙体广告、高立柱广告牌（俗称高炮）、灯箱、霓虹灯广告等，在有节日宣传时甚至有升空气球、飞艇等先进的户外广告形式。具体如下：

（1）路牌广告

路牌广告是指用铁架、铁皮、木板或其他支撑物制成的、上面张贴或直接描绘、印刷图形、色彩或文字传递视觉信息的广告。一般用喷绘、油漆手工绘制或印刷张贴等手段固定在路牌上。路牌广告一般设置在繁华的商业街、机场、车站、码头、影剧场、体育馆等人流繁华区以达到更大的视觉传达效果。主要以过往的行人或候车的观众为主要对象。随着科技的发展，有的车站路牌广告结合灯箱等材料使用，产生特殊效果。路牌通常面积大、画面冲击力强、色彩亮丽夺目，因此是一种贴近群众、引人注目的广告载体之一。具有全天候、时间长、范围广、周期性较长、定位较准确、针对性强等特征。如图8.2所示。

图8.2　可口可乐户外路牌广告

（2）霓虹灯和灯箱广告

霓虹灯和灯箱广告是指用霓虹灯或灯箱为载体，装饰出厂家、广告语及电话等文字、商标、广告图形图像、装饰图案等色彩信息，还有利用霓虹灯做成各种不同造型的形象如广告塔、广告柱、广告墙等，霓虹灯广告一般出现在楼体顶部、侧部等较为显眼的区域，对过往行人有很大的吸引力，更加适合于信息传播。灯箱广告一般安装在橱窗内、门市前、繁华街道两侧及商业区等，以扩大视觉传达效果。在晚间发挥作用更大，能给城市的夜晚添彩。如图8.3所示。

图8.3　户外霓虹灯广告

（3）交通广告

交通广告就是利用各种交通工具如车辆、船只、飞机等为载体设置的广告，交通广告主要以车体为主，车体广告与人近距离接触，不分人群阶层传播信息广泛。交通广告的特点是移动的广告，车体到哪广告就宣传到哪，接触的人多，流动性大，车内车外都有大量的广告信息传播，是商家设置广告的重要载体之一。如图8.4所示。

图8.4　交通广告

（4）橱窗广告

橱窗广告指在商店或其他商业性营业场所的橱窗里，利用各种道具、模型、模特、张贴物、印刷宣传品等，布置在橱窗内做宣传之用。橱窗广告是实物广告形式的演变，讲究实物商品与橱窗光线、色彩及陈列的和谐与突出。大城市的商店、商场、专卖店等商业网点，许多都用橱窗广告来推动自己本店的销售。橱窗广告主要针对过往的观者，让广告信息与人近距离甚至直接面对面接触，吸引其注意力和激发兴趣，产生好奇感，达到广告信息的传达。橱窗广告具有装饰点缀、提升审美、促销、宣传、发布的范围小、接受的目标人群少、地域的局限性等特征。如图8.5所示。

图8.5　橱窗广告

（5）直邮广告

邮局信函广告也称为直邮广告。人们日常生活中收到关于超市、旅馆、饭店、书店、影剧院、酒店、杂志社、音像制品公司等印刷精美的商品样本、贺卡、明信片、小包装商品等，这些广告都称为直邮广告，也叫邮寄广告，内容主要以介绍新产品、新功能、新业务等。直邮广告的特点是：①有针对性的客户群，广告发布信息对应不同的消费人群，较为准确；②收到邮件的人有被重视的优越感，大多数邮寄广告是邮到客户群的家中，保证了阅读时间和环境；③能对于批发零售商开展新商品功能教育，促进新产品的广告传播；④邮寄广告伸缩性强，能针对客户群酌情印制数量，但有时也容易不受重视被丢失遗弃，使广告信息传达受到影响。

（6）购买点（POP）广告

购买点广告是指在商场的内外，为争取消费者的视线，诱导消费、激发其购买欲望而策划、设计的小型宣传品，称为购买点广告。英文（Point of Purchase），简称POP广告。POP广告源自美国的超级市场、折旧商店等自助式商店里的店头广告，改革开放后，我国开始引入普及。POP广告的功能是：①宣传新产品信息；②吸引消费者进入店内观光；③营造销售氛围；④促销功能。POP广告的形式包括：①张贴的平面POP广告；②支架形式的立面POP广告；③柜台展示的POP广告；④电动的POP广告等。POP广告一种是手绘的销售点即时广告，这种手绘的POP广告不及精美的印刷品，不必投入大量的费用即可完成。如图8.6所示。

图8.6　飞禹特POP广告

二、商业广告设计的选题

1. 商品选题

商业广告的商品选题主要选定要重点推广和宣传的商品或服务类别的选题，进行广告设计与推广，它是广告活动的核心元素，决定了广告的目标受众、传播策略、创意表现以及预期效果。商品选题涵盖了市场上各种有形的产品和无形的服务。有形产品包括但不限于日常消费品（如食品、饮料、家居用品）、电子产品（如手机、电脑、家电）、时尚服饰、美妆护肤产品、汽车等。无形服务则包含金融服务（如银行、保险）、旅游服务、教育培训服务、通信服务等。在确定商品选题时，考虑商业广告与市场的需求，选择那些有较大市场潜力和消费者需求的商品或服务，以确保广告能够吸引足够的关注和产生实际的销售效果。考虑商品或服务的特点和优势，突出其创新的功能、高品质的材料、卓越的性能等独特的卖点。迎合目标受众的特征和偏好，根据受众的年龄、性别、收入水平、消费习惯等来选择能够满足他们需求和兴趣的选题。如图8.7所示。

图8.7 *PURE SHAMPOO*

2. 企业选题

商业广告的企业选题指的是在进行广告策划与创作时，将企业自身作为宣传重点，而非特定的产品或服务。企业选题旨在提升企业的整体形象、声誉和价值观，它关注的是企业的品牌理念、企业文化、社会责任、发展愿景、企业历史与传承、创新能力、团队精神等方面。通过企业选题的广告，向公众展示企业的核心竞争力、独特的经营理念以及对社会的贡献。这类选题不局限于某种具体的商品交易，而是更侧重于建立企业与受众之间的情感联系，增强公众对企业的信任和认同。企业选题的广告有助于塑造积极、正面的企业形象，提高企业在市场中的知名度和美誉度，吸引人才、合作伙伴和投资者，为企业的长期发展创造有利的外部环境。它是企业进行品牌建设和公共关系管理的重要手段之一。如图8.8所示。

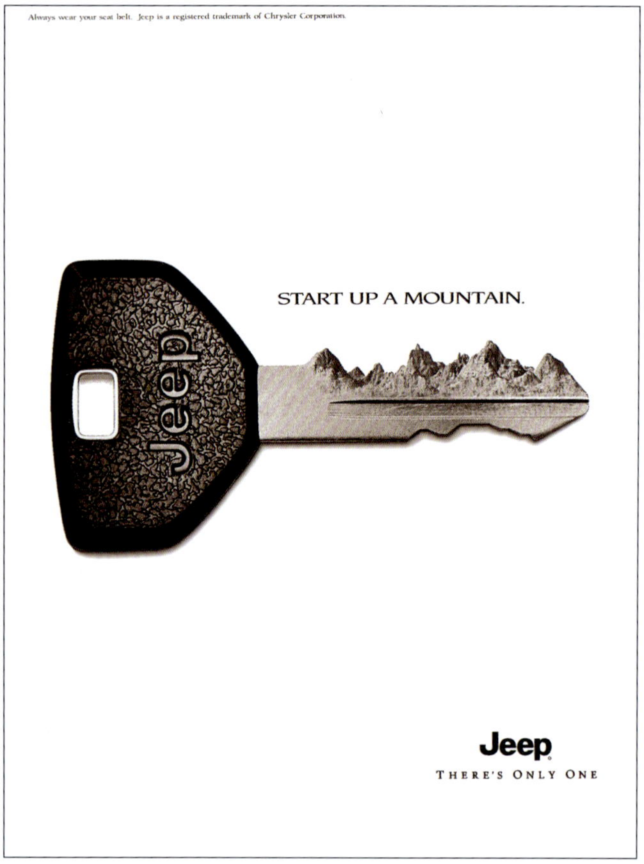

图8.8　*Jeep*

3. 生活选题

商业广告的生活选题是指以人们的日常生活场景、需求和体验为核心内容的广告主题选择。生活选题的商业广告聚焦于人们日常生活的各个方面，包括但不限于饮食、居住、出行、娱乐、健康、社交等。它旨在通过展示产品或服务如何融入并改善人们的日常生活，来吸引消费者的关注和激发他们的购买欲望。这类选题通常强调产品或服务给生活带来的便利、舒适、乐趣、品质提升等价值。生活选题的广告能够引起消费者的情感共鸣，通过描绘温馨的家庭聚会、愉快的旅行经历、健康的生活方式等，让消费者能够直观地感受到产品或服务对自己生活的积极影响。此外，生活选题的商业广告还具有较强的适应性和广泛性，可以根据不同的目标受众和市场需求，灵活调整具体的生活场景和诉求点。无论是针对年轻人的时尚生活、家庭主妇的家居生活，还是老年人的健康生活，都能找到合适的切入点和表现方式。如图8.9所示。

图8.9　周易飞*Michelin*

4. 人物选题

商业广告的人物选题指的是以特定人物或人物群体作为核心元素和宣传重点的广告主题选择。在这类商业广告中，人物可以是品牌的代言人、产品的使用者、企业的创始人或员工，也可以是具有代表性的消费者或公众人物。通过对这些人物的展示，讲述他们的故事、经历或形象特点，来传达与产品或服务相关的信息，建立品牌形象，引发观众的情感共鸣和认同。人物选题突出其坚韧、拼搏的精神，以此暗示使用该品牌的产品能赋予消费者类似的品质和动力；或广告设计聚焦于普通消费者，展示他们在使用产品后生活得到改善的真实案例，增强广告的可信度和说服力。人物选题的优势在于能够赋予广告以人性的温度和情感色彩，观众往往更容易与具体的人物产生联系和情感互动，进而将对人物的好感和认同转移到所关联的产品或服务上。同时，通过人物的形象塑造和故事叙述，可以更生动地展现产品的特点、用途和价值，使广告更具吸引力和感染力。如图8.10所示。

图8.10 朱雨桐、崔雯萱《娃哈哈》

第二节 商业广告设计的原则

一、健康美原则

商业广告设计的健康美原则是遵循和传递积极、有益且符合身心健康标准的审美观念和价值取向。首先，内容真实可信。广告所呈现的关于健康、美的信息必须基于科学事实，不夸大、不虚假宣传。其次，倡导多元审美。摒弃单一、狭隘的审美标准，尊重个体差异，展现不同年龄、体型、肤色、性别等人群的独特魅力。强调健康的内在品质和积极的生活态度同样是美的重要组成部分。再者，强调身心健康。广告不仅关注外在的容貌和形象，更注重内在的心理和精神健康。此外，传播健康生活方式。提倡合理的饮食、充足的睡眠、适度的运动和减少不良习惯等健康的生活方式，让消费者明白真正的美源于健康的生活。最后，避免不良诱导。不通过制造容貌焦虑、身材焦虑等负面情绪来推销产品，而是以积极、鼓励的方式引导消费者追求健康美。

二、实用美原则

广告设计的实用美原则是突出产品或服务的实用价值和功能，以满足消费者对实际用途和效果的需求。它强调将产品或服务的实用性和功能性置于突出位置，旨在让消费者清晰且直观地认识到其能够满足自身的实际需求和解决具体问题。实用美原强调则功能展示清晰明确，要准确、详尽地呈现产品或服务能够解决的实际问题和带来的具体好处。强调适用性，说明产品或服务在不同场景和条件下的适用性，让消费者了解其能够满足多种实际需求。强调用户体验优先，通过描述消费者在使用过程中的便捷性、舒适性和满意度，让潜在消费者感受到产品或服务的实用优势。在实用美原则的框架下，广告设计不仅是为了吸引眼球，更要精准地传达产品或服务在日常生活中的具体用途和显著价值。无论是通过清晰的功能演示、实际场景的应用展示，还是用户真实体验的分享，都致力于让消费者在接触广告的瞬间就能理解产品如何改善他们的生活、提高工作效率或者带来更多的便利。

三、功能性原则

广告设计的功能性原则是广告创作的核心准则之一。它着重强调广告在传递信息、引导行为和实现营销目标方面的实际作用。功能性原则要求广告清晰明确地传达产品或服务的关键信息，包括特点、优势和价值。广告的布局、色彩、图像、文字等元素都应协同工作，以最有效的方式吸引目标受众的注意力，并促使他们对所宣传的内容产生兴趣和理解。同时，功能性原则还注重广告对消费者需求的满足和问题的解决。它促使广告能够激发消费者的情感共鸣，引发购买欲望，进而促使他们采取行动，如购买产品、咨询服务或参与活动等。总之，广告设计的功能性原则旨在确保广告不仅是一种视觉或文字的呈现，更是一个能够切实发挥作用、达到预期效果的有效沟通工具。

四、价值性原则

广告设计的价值性原则是广告创作中具有统领性的重要

准则，它强调广告所传达的信息和呈现的内容必须具备显著的价值内涵。这种价值既体现在为消费者提供切实有用的产品或服务信息，帮助他们做出明智的消费决策，也体现在能够满足消费者的情感、心理和社会需求，为他们带来愉悦、满足或归属感。价值性原则要求广告能够深入挖掘产品或服务的独特卖点，并将其与消费者的利益和期望紧密结合，展现出对消费者生活品质提升、问题解决或梦想实现的积极影响。同时，广告还应传递积极的社会价值观，如诚信、创新、环保、关爱等，以赢得消费者的认同和尊重。遵循价值性原则的广告设计能够在商业营销的基础上，建立起与消费者的深度连接和信任关系，实现品牌的长期发展和社会价值的创造。

第三节　商业广告运作过程

一、广告计划

1. 长期广告计划

长期广告计划是企业在较长时间跨度内，为实现特定的营销和品牌目标而制定的系统的、全面的广告策略规划。一般以年以上时间为单位，几年甚至更长时间做计划，主要是针对生产、销售周期长的产品，如房地产、电器、汽车等，产品的开发需要一个较长周期的运转。长期广告计划通常涵盖数年的时间范围，具有明确的战略方向和阶段性目标。长期广告计划充分考虑市场的动态变化、消费者需求的演变以及竞争对手的动向。通过深入的市场调研和分析，确定目标受众的特征、喜好和行为模式，以此为基础选择合适的广告渠道和形式。长期广告计划具有稳定性和前瞻性，能够为企业的广告活动提供清晰的路线图，确保在不同的市场环境和业务发展阶段，广告都能有效地支持企业的整体战略。

2. 年度广告计划

年度广告计划是企业在一年时间内，为达成特定的营销和传播目标而精心制定的详细方案。一般以年为单位做广告计划，主要针对运转周期较短、一年之内能完成运转的产品计划，如生活中常见的生活用品等。它基于企业的年度经营策略和市场状况，对广告活动进行全面规划。首先明确年度的广告目标，可能是提升品牌知名度、增加产品销量、拓展新市场份额等。然后深入分析目标受众，包括其年龄、性别、兴趣、消费习惯等特征，以便精准定位。

3. 短期广告计划

短期广告计划是企业在相对较短的时间内，为实现特定且较为即时的营销目标而制定的具有针对性和灵活性的广告策略安排。通常涵盖数周或数月的时间范围，旨在迅速应对市场的短期变化、抓住临时的商机或解决紧急的营销问题。它会聚焦于某个具体的产品推广、促销活动或短期的品牌曝光需求。这明显的时效性和机动灵活性，主要针对一些商品信息展会活动、小商品的生产运行计划。例如举办的商品展销、博览会。

二、商业广告运作流程

1. 市场定位

广告设计中的市场定位是指确定广告所针对的目标市场和目标受众，并明确广告要在这些受众心中占据的独特位置。市场定位的关键在于深入了解目标市场的需求、偏好、行为模式以及竞争对手的情况。通过市场调研和分析，挖掘出目标受众未被满足的需求或者竞争对手尚未占据的市场空间。在广告设计的视觉、文案、传播渠道等方面，都要紧密围绕所确定的市场定位来展开。在广告设计的视觉、文案、传播渠道等方面，都要紧密围绕所确定的市场定位来展开。市场定位主要包括：① 市场调研，选择适合的消费人群和市场目标；② 广告计划书的撰写，针对市场调研做阶段性的总结制定出一系列产品广告方案；③ 价格定位，根据市场同期商品比较制定出相应的产品价格。

2. 品牌名称定位

广告设计中的品牌名称定位是确定品牌在消费者心目中独特且明确的认知位置，使品牌名称能够有效地传达品牌的核心价值、特性和优势。一个好的品牌名称定位能够在消费者的脑海中留下深刻的印象，并与特定的情感、形象或需求相关联。在进行品牌名称定位时，需要考虑多方面因素。首先，要与品牌的产品或服务特点相契合。如果品牌主打天然、环保的产品，那么名称可能会包含与自然、绿色相关的元素。其次，要符合目标受众的心理需求和文化背景。针对年轻时尚的消费群体，品牌名称可能会更具潮流感和个性。品牌名称定位主要包括品牌文字、广告语等名称的创意设计定位，为下一步广告设计做好铺垫。

3. 广告创意的准确定位

广告创意的准确定位是广告成功的关键要素之一。它意味着在深入了解市场、目标受众和品牌自身特点的基础上，找到能够使广告信息有效传达并引发受众共鸣的独特切入点。准确定位首先需要清晰界定广告的目标，是提升品牌知名度、促进产品销售、改变消费者态度的营销目标。基于此目标，对目标受众进行细致的分析，包括他们的年龄、性别、兴趣爱好、消费习惯、价值观等方面，以洞察其需求、欲望和痛点。同时，要充分研究品牌的核心价值、独特卖点以及与竞争对手的差异。广告创意的准确定位是基于清晰的目标定位后开展产品定位——突出产品的价值、功能、品质等特点；色彩定位——突出需要表现的商品信息的色彩感觉，例如表现镇定作用的药剂需要用冷色系的色彩，表现重要的药剂需要和谐沉着的暖灰色调，表现食品的需要用和谐的暖色关系等；图形图像定位——选择主要代表商品信息的设计插图，准确、巧妙地传递信息，促进商品的销售。

4. 广告设计媒体发布

广告设计媒体发布是指将广告作品通过各种媒体渠道进行传播和展示的过程。常见广告媒体主要包括以下几种类型：一是印刷媒体，包括报纸、杂志、说明书、传单、月历等，通过在纸张上印制广告来进行宣传。二是电子媒体，常见的有电视、广播、互联网等。如电视广告可以通过特约播映、普通广告、经济信息、直销广告等形式发布；互联网广告则具有互动性强、传播范围广等特点。三是户外媒体，形式多样，如高速公路、公路和铁路边的墙体广告，汽车车身广告，候车亭广告，地铁站广告，电梯广告，高立柱广告，三面翻广告，楼顶广告，霓虹灯，LED 显示屏等。四是移动电视，具有覆盖广、反应迅速、移动性强的特点，公交移动电视是其中的一种形式。五是微信朋友圈，个人或机构通过朋友圈平台发布文字、图片等内容来传播信息或表达观点，可作为广告宣传的渠道之一。六是自媒体播客平台，自我录制广播节目并通过网络发布，或在自媒体环境下开展的网络直播进行广告发布等。在选择广告媒体时，可以采用多种方法，如信息到达程度筛选法、广告诉求定位法、媒体接触机会比较法、千人成本效率比较法等。同时，也需要注意避免一些误区，例如不能只考虑购买网站首页广告，而应根据目标受众选择内容相关的页面；不能单纯以网站点击量为主要衡量标准，还要考虑网站及访问者的特点与产品或活动的契合度；并非广告投放量越大效果就一定越好，需要综合考虑成本和覆盖的受众人群等因素。

5. 发布实施计划

广告设计的发布实施计划是确保广告能够按照预定的目标、策略和时间安排顺利投放市场的详细规划。在广告创意形成后，要经过一个市场推广、出售的过程，包括新闻发布会、展销会、促销、公关等辅助性广告。在广告发布会、展销会等期间，明确本次广告活动期望达到的具体目标，提高品牌知名度、增加产品销量、拓展市场份额等。确定广告投放的起始时间和结束时间，考虑产品或服务的季节性需求、市场竞争情况以及重大节假日等因素，选择最佳的发布时机。列举拟选用的各种广告发布渠道，如电视、报纸、杂志、网络、户外广告等，针对每个渠道，说明选择的原因、预计投放的频次和时间段。发布会期间有效宣传广告的主题、创意、文案、图像、音频或视频等元素。确保广告内容符合法律法规和道德规范，且与目标受众的需求和兴趣相契合。明确参与广告发布实施的团队成员及其职责，包括创意设计人员、市场推广人员、媒体采购人员、监测评估人员等。考虑可能出现的意外情况，发布会期间出现不可抗拒因素等制定相应的应对措施，确保广告发布能够顺利进行。

6. 预期效果

广告设计发布后的预期效果是对广告活动成果的预先设想和期望，是根据受众产品购买心理和效果反馈信息的调查，对产品进行评估，决定下阶段广告运作计划。以下将从受众产品购买心理和效果反馈信息的调查角度，来阐述如何对产品进行评估并决定下阶段广告运作计划：广告的发布引起受众注意，广告成功吸引了目标受众的目光，使他们对产品产生初步的兴趣和关注。激发受众欲望，通过广告的展示和宣传，激发受众对产品的渴望和拥有的欲望，让他们认为该产品能够满足自己的需求或提升生活品质。网站流量和互动监测，如果广告引导受众访问网站，网站的访问量、页面停留时间、注册量、评论和分享等数据可以反映受众的参与度。通过问卷调查、社交媒体监测等方式了解品牌在受众中的认知度和好感度的变化实现品牌知名度和美誉度的提升。收集来自消费者的直接反馈，如评价、投诉、建议等，了解他们对广告和产品的看法。

7. 预算分配

前期的调研及广告设计费加后期的广告推广等费用的分配。

整体的一个商业广告周期过程的运作，称为商业广告运作。商业广告运作是推广商品的重要途径，是实现商品价值的重要载体。产品的商业广告设计，并非一张画面的设计，而是权衡商业广告运作周期的过程设计，设计过程中，在把握调研定位的基础上，和谐、准确处理画面中出现的图形、图像元素、色彩元素、主题文字与广告元素的充分整合，准确反映商品的信息，选择适当的发布媒介如报纸、杂志、户外、电视、广播、网络等。整个运作的过程周期完成后，商业广告的设计价值才能实现。

第四节　商业广告设计基础形象

一、产品名称及标识形象设计

1. 产品名称

产品名称是用于标识和区分特定产品的词语或短语。按照商业广告运作的整体要求，从产品名称入手，产品名称是产品的浓缩内涵的名称表现，应适合于大众解读——识别上具有可读性和亲切性、具有商品的文化性——体现企业和产品的理念、具有简洁的记忆性——在短时间内能够记忆，却长时间内留下深刻印象。产品名称是产品的标识符，在众多同类或不同类的商品中，独特而清晰的产品名称能够让消费者迅速识别和记住该产品，与其他产品区分开来。产品名称传递关键信息。一个好的产品名称往往能够在一定程度上暗示产品的用途、特点、优势或目标受众。产品名称塑造品牌形象。产品名称是品牌的一部分，它的风格和内涵能够反映出品牌的价值观、定位和个性。

2. 产品商标

产品商标是一种用于区分商品或服务来源的标志，一般由文字、图形、字母、数字、三维标志、颜色组合和声音等要素，或者是上述要素的组合构成。商标专门用于商品的标记，主要是为了与其他品牌的商品相区别，并具有该品牌的代表作用，经过注册的商标在商业经营活动中受到法律的保护。商标能够让消费者在众多相似的产品中迅速识别出特定品牌的产品，从而建立起品牌认知和忠诚度。消费者往往会将商标与产品的质量、性能和信誉联系在一起。一个具有良好声誉的商标通常意味着产品具有一定的质量保证。独特、醒目的商标能够在市场上吸引消费者的注意力，增强产品的记忆度和传播效果。

商标不同于徽标、标志等，在含义上略有区分。徽标亦称徽志，包括国徽、州徽、市徽、行业徽标、族徽、国际组织徽标等，专门作为一种视觉代表存在，较之商标、标志，具有庄重、威信、设计繁复、图形元素含义突出等特征，具有强烈的象征或代表功能。标志，亦称标识，是表明事物特征的记号。它以单纯、显著、易识别的物象、图形或文字符号为直观语言，具有表达意义、情感和指令行动等作用，主要应用于公共设施、机构、场所、活动等。

商标的设计应该具有该商品的特征，或代表生产企业的属性，商标的设计注重原创个性、视觉凝聚力、艺术美感、易识别，使人过目不忘。有的产品商标就是产品的名字，更加容易记忆，例如IBM、SONY、可口可乐等企业经过精致的设计加工演变为现在的文字商标，也有以图形为主的商标，如耐克、微软、奔驰等产品标志。

3. 品牌字设计

产品的品牌字设计是创建和塑造与特定品牌相关联的文字字体设计的过程。它要体现品牌的个性和价值观，通过字体的选择、形态的塑造以及细节的处理，传达出品牌是时尚的、传统的、现代的、高端的还是亲民的等特质。在众多的品牌中脱颖而出，让消费者能够轻易地将其与其他品牌区分开来，并在看到时能够迅速联想到对应的品牌。无论在何种尺寸和应用场景下，都能清晰地被读取和理解，避免过于复杂的设计导致信息传达的混乱。品牌字设计过程中，通常先深入了解品牌的定位、目标受众、核心信息等，然后进行创意构思，探索多种字体风格和变形的可能性。接下来精细制作和优化，调整字体的比例、间距、线条粗细等细节，以达到最佳的视觉效果。最后进行测试和评估，查看在不同环境和应用中的表现。产品的品牌字设计，也是反映产品信息的重要途径，其设计要注重以下几个原则：简洁生动，便于传达；字体结构协调；风格与商标风格或商品风格一致；符合艺术审美，即根据商品信息选择不同表现风格与手法。

二、标题和广告语的设计

1. 标题设计

商业广告的标题是表现广告的主题文字。准确生动的标题是广告成功的关键，正如人们常说的一样，“题好文一半”。标题具有如下特点：准确生动，准确的标题会引导观者，正确地解读信息；视觉冲击，引人注目，能够迅速抓住观看的眼球；简洁可读，识别性强。从数量上看，文字不可过多，标题不可过长；从内容上看，标题不可含糊不清，晦涩难懂，否则都将会影响广告的信息传达。商业广告的标题可分为直接标题，开门见山地把商业广告中的信息告知观者，简洁明了；间接标题，不直接告知观者信息，通过设问、反问、感叹等迂回的方式让图形色彩“说话”，使观者惊呼创意的深刻和奥妙。主副标题，主标题激起观者的好奇心，副标题直接陈述广告所反映的内涵。商业广告标题设计有以下几个关键原则：一是简洁明了，避免冗长复杂的表述，用最精炼的语言传递关键信息；二是突出利益点，让受众能够迅速了解到使用该产品或服务能带来的好处；三是制造悬念或好奇心，激发受众的探索欲望，促使他们想要了解更多；四是运用情感共鸣，触动受众的内心情感；五是具有独特性，与竞争对手的标题形成鲜明差异，突出自身特色。

2. 广告语设计

广告语，又称广告口号、广告标语，是为了加强受众对广告主体信息的印象，在广告宣传中反复使用的、简短有力的语句，在画面中起到画龙点睛、强化主题的作用。它具有以下几个关键特征：首先，简洁性。通常以精炼的语言表达，用最少的词汇传递最核心的信息，让受众能够轻松理解和记忆。其次，独特性。与其他品牌或产品的宣传语有明显区别，具有鲜明的个性和特色，能够在众多广告中脱颖而出。再者，稳定性。在一定时期内保持相对固定，以形成持续的品牌印象和认知积累。然后，针对性。针对目标受众的需求、心理和特点进行设计，能够触动受众的内心，引发他们的情感反应，从而建立起与品牌的情感联系。此外，广告语还具有鼓动性。通过富有情感、号召力或诱惑性的表达，激发受众的兴趣和欲望，促使他们采取行动。广告语设计应注重以下几点：充分推敲、简洁明快；有奇特魅力，能唤起消费者的好奇心；朗朗上口，便于记忆；时代感强，新颖前卫；言语真实，准确反映商品信息。

第五节　商业广告设计的创意

一、商业广告设计的创意内涵

1. 独特性创意

商业广告设计的独特性创意是在竞争激烈的市场环境中脱颖而出的关键因素。独特性创意意味着突破常规、打破陈规旧矩，以新颖、与众不同的方式展现产品或服务的特点和价值。它不仅是创造出引人注目的视觉效果或令人难忘的广告词，更是从全新的视角去解读和传达品牌的信息，与目标受众建立独特的情感连接。这种创意能够在瞬间吸引消费者的注意力，使其在众多广告中脱颖而出。通过运用独特的叙事手法讲述品牌故事，或者采用前所未有的表现形式来展示产品的功能和优势。独特性创意还体现在对消费者需求和心理的深刻洞察之上。它能够捕捉到那些未被满足的潜在需求，并以独特的方式提出解决方案，从而引发消费者的强烈共鸣和兴趣。如图8.11所示。

图8.11　任萍 *Tuna*

2. 文化性创意

商业广告设计中的文化内涵是指广告作品所蕴含和传达的文化价值观、信仰、习俗、审美观念等丰富的文化元素。文化内涵赋予了商业广告更深层次的意义和价值。首先，是对传统文化的传承和弘扬。在一些广告中融入春节的红色、灯笼、春联，中秋节的圆月、月饼等中国传统的节日元素，不仅能唤起消费者对传统文化的情感共鸣，还能为产品增添喜庆、团圆的美好寓意。其次，反映区域文化特色。一些地域非遗文化、乡村振兴等选题需要不同地区有着独特的地理环境、风土人情和生活方式的融入。通过展示地方特色的美食、建筑、手工艺品等元素突出产品与特定地域文化的紧密联系，增强消费者的认同感和亲切感。再者，体现时代文化精神。当下的社会文化强调创新、环保、共享等理念，广告设计若能将这些元素融入其中，展现出品牌与时俱进、积极向上的形象。此外，文化内涵还包括审美文化。广告的色彩搭配、构图方式、字体选择等都受到特定文化审美标准的影响。具有独特审美风格的广告能够吸引消费者的目光，提升品牌的艺术感染力。如图8.12所示。

图8.12　日本歌舞会广告

图8.13　手工制鞋广告

3. 地域性创意

商业广告设计的地域性创意是指充分利用特定地区的独特元素（包括地理环境、文化传统、风俗习惯、语言特色等）来打造具有鲜明地方特色和吸引力的广告作品。商业广告的地域性创意应突出地方特色资源，或者利用当地特有的物产和生活方式，来强调产品的产地优势和品质独特性。融合地域文化元素，将当地的传统艺术形式等融入广告设计中，既能展现地方文化的魅力，又能使广告更具文化底蕴和艺术感染力。尊重和反映当地的风俗习惯。在广告中遵循和体现地域的节日庆典、礼仪规范和生活方式，让消费者感受到广告对地方文化的尊重和理解，从而增强广告的亲和力和认同感。此外，运用地方语言特色也是地域性创意的重要手段。使用当地的方言、俚语或独特的语言表达方式，能够使广告更贴近当地消费者的生活，增加广告的趣味性和记忆点。地域性创意的优势在于能够精准地针对特定地区的消费者，满足他们对本土文化的情感需求和认同心理。同时，对于外地消费者来说，这种独特的地域特色也能够激发他们的好奇心和探索欲，从而提升广告的吸引力和传播效果。如图8.13所示。

4. 导向性创意

商业广告的导向性创意是指在广告设计中通过巧妙的构思和表现手法，引导消费者产生特定的思维、情感和行为倾向。导向性创意首先要目标明确。它清楚地知道要引导消费者朝着何种方向思考和行动。其次，情感驱动。通过触动消费者内心深处的情感，来激发他们的兴趣和欲望。再者，信息传递精准。导向性创意能够以简洁明了的方式传达关键信息，让消费者快速理解产品或服务的核心价值和优势。导向性创意能够有效地影响消费者的决策过程，提高广告的转化率和销售效果。最后，它还能塑造品牌形象和价值观，通过持续的导向性创意传播，让消费者对品牌产生特定的认知和好感，建立长期的品牌忠诚度。如图8.14所示。

图8.14 《为你解开手洗束缚》

二、商业广告设计的创意价值

1. 提升大众审美

首先，商业广告设计为大众带来了多样化的美学体验。通过运用丰富的色彩、独特的构图、创新的表现形式以及精湛的制作工艺，广告展示了各种各样的美学风格和表现手法。无论是简洁现代的风格，还是富有传统文化韵味的设计，都让大众接触到不同的审美标准和表现形式，从而拓宽了他们的审美视野。其次，商业广告设计中的优秀作品往往具有引领潮流的作用。它们能够率先引入新的设计理念、时尚元素和审美趋势，激发大众对美的追求和探索。再者，商业广告设计能够培养大众的审美感知能力。通过不断地接触高质量、有创意的广告作品，大众逐渐学会欣赏和分辨美的细节、形式和内涵。这有助于提高他们对周围环境和艺术作品的审美敏感度，使他们在日常生活中更善于发现美、感受美。此外，商业广告设计还能够促进文化传承与创新。在广告中融入传统文化元素，并以现代的设计手法进行重新诠释和表现，既能让大众重新认识和欣赏传统文化的美，又能推动传统文化在现代社会的创新发展，丰富大众的审美内涵。如图8.15所示。

图8.15 任萍*Cold apple juice*

2. 引导商品消费

商业广告设计在引导商品消费方面具有重要价值。一是商业广告设计能够激发消费者的需求。通过精美的画面、生动的文字和吸引人的情节，展示商品的特点和优势，让消费者意识到自己可能存在的需求或问题，并认识到该商品能够有效地满足这些需求或解决这些问题。二是广告设计可以塑造商品的形象和品牌价值。运用独特的视觉元素、品牌标识和宣传口号，为商品赋予特定的个性和情感内涵，使其在消费者心中树立起独特的形象，当消费者认同这种形象和价值时，他们更愿意选择该商品。三是商业广告设计能够影响消费者的购买决策。提供清晰的产品信息、价格优势、促销活动等，帮助消费者在众多同类产品中做出选择。同时，广告中的用户评价、专家推荐等内容也能增加消费者对商品的信任度，促使他们下定决心购买。四是商业广告设计还能制造消费热点和潮流。通过创新的理念和流行元素的运用，引领消费者的消费趋势，使某种商品或服务迅速成为热门选择。如图8.16所示。

图8.16 卢枭*evian*

3. 推动经济发展

商业广告设计通过富有创意和吸引力的广告形象，能有效激发消费者的购买欲望，提高产品的知名度和美誉度，从而增加销售额。当企业的产品在市场上获得更广泛的认可和接受时，就能进一步扩大生产规模，创造更多的就业机会，促进相关产业链的发展。商业广告的重要性犹如商品的宣传队、市场的先锋军。优秀的广告能够带动产品（优质）迅速占领市场。商业广告是商品经济的附属品，是商品的外衣，商业广告要充分体现商品的属性特征，它受制于商品的属性特征又促进商品的销售，促进经济社会的发展。因此设计师不但要充分认识到商业广告的创意创新重要性，又要掌握商业广告的创意创新的实践方法，准确把握商业广告创意的脉动，实现商品的经济价值和经济社会的良性循环。如图8.17所示。

图8.17　Kim Na Hee *LG Electronics*

第六节　商业广告设计计划书撰写流程

广告计划书的撰写具体包括调研表的设计及广告市场调查、广告的市场分析、广告预期目标、广告时间计划、广告对象、广告地区、广告媒介策略、广告预算、广告实施、广告效果测定等方面的全部广告活动的准确定位。以下是新开发产品“木朴筷子”的广告计划书。

一、市场战略

1. 市场状况分析

（1）市场状况

对于中国人来说，筷子是每个家庭的必需品。市面上筷子的种类五花八门（材质有纯竹的、木质的、象牙的、银质的；包装又有单身装、双人装、全家福、实惠装等；从价位上区分又有高、中、低档）。但这些筷子却存在一些问题：

第一，筷子更新频率不够高，很多家庭都是等筷子用得不能继续用了才会更换。但筷子用久了很容易滋生细菌，很多家庭里成员混用筷子就更容易造成一些疾病的交叉感染。

第二，筷子材料不够安全。市面上很多筷子都是采用涂彩漆技术，涂料中的重金属（铅以及有机溶剂苯等物质）具有致癌性，涂料一旦脱落进入人体，将会严重危害人的健康。尤其孩子对铅、苯等的承受力很低，会造成更大的伤害。

所以，价格适中、色彩繁多、“无漆”的健康筷子是人们梦寐以求的，这也是本产品的主要特点。

（2）同种类动向

竞争种类划分	韵鸿筷子店	英华筷子坊	浙江双枪竹木有限公司	其他一些较小的筷子品牌
产 品	高档筷子	中高档筷子	中低档筷子(以竹、木筷子为主)	低档筷子
市场战略	以专卖店的形式占有市场	以店面形式占有市场	以占有超市市场为主要战略	主要在超市占有低端市场

（3）市场战略

通过广告让“无漆”的健康筷子的概念深入人心，加强大众对于筷子材料、使用习惯的认识，增强消费者的购买欲望，提高销售量。

2. 广告分析

分析不同筷子的广告内容与产品特征，进行对比，寻找其中的不同点。

内容分析

单位：cm

产品	韵鸿筷子	英华筷子	双枪竹木筷子	其他小品牌筷子
Concept	高档筷子	中高档筷子	中低档竹木筷子	平民的、低价位
Main Target	30～55	25～50	20～45	20～35
Sub target	55～70	50～65	45～65	36～55
Keyword	高档	高档	竹木	实惠便宜
表现内容	在主流商业街开设专卖店，彰显其筷子的高档品质。	以传单为主，在超市等处开设专卖店，彰显产品的精品品质。	强调筷子的材料以竹木为主。	包装广告趋于大众化、廉价化，多为塑料包装。

产品特征

产品	韵鸿筷子	英华筷子	双枪竹木筷子	其他小品牌筷子	木朴筷子
特征	设计精致，价格高，主要以礼品和收藏为主	价格略低于韵鸿，以礼品装的形式出现。	设计简单，走大众路线，价格亲民，实用性强。	薄利多销，不用广告，价格实惠。	“无漆”无害，贯彻健康生活理念。价格亲民，实用性强，送礼佳品。

3. 消费者分析

调查方法：访问调查、网络搜集资料、走访店面、超市、讨论。

调查时间：2天。

各企业筷子广告形象相关不同意见调查

产品	相关意见	评分
韵鸿筷子	韵鸿筷子是北京以南地区比较认可的筷子品牌 主要是以正规的企业形象设计和独立店面给消费者安全和可信任的感受，报纸广告、网络广告以及“弘扬中国文化为口号”更是让它接到很多学院企业的订单。	1.50
英华筷子	是沈阳的本土筷子品牌，在北方开店比较多的也是以接订单开独立店面为主，以电视和报纸报道被大众所认知，建立很好的美誉度。目前以DM单的形式宣传产品。	1.00
双枪竹木筷子	经济实惠不做宣传，主要以占有各大超市柜台为吸引消费者购买的主要策略。	1.00
其他小品牌筷子	没有广告、没有宣传，但低廉的价格是让消费者购买的关键。	1.40
木朴筷子	填补中国筷子市场健康、人性化、价位适中的产品空缺。公交车内部广告和报纸广告是让这一受众群体有效了解产品的媒介。	0.70

消费者购买态度：女性稍高于男性，已婚高于未婚。调查显示，相对男性而言，女性更细心并关心家庭成员的健康问题，且购买群体大都是已婚女性。

4. 标志名称形象战略

（1）标志名字的战略方向

名字要充分体现健康、人性化的概念；名字要与市场其他同类产品相区别；名字要表现出自然、返璞归真的文化理念。

（2）标志名称选定过程

标志名称战略方向选定：标志搜集资料。

一次：商标选定过程。

调查对象：20—50岁。

调查方法：网络问卷调查。

调查时间：随即调查。

一次选定：箸然。

二次：商标选定过程。

调查对象：设计团体及客户端。

调查方法：讨论。

调查时间：9.4—9.5。

选定标志名称：木朴。

标志名称说明：健康、人性化、价格适中。

价格：25元。

二、广告战略

1. 广告目的

“无漆”的健康筷子的概念深入人心。

① 目标：增强消费者的购买欲望，提高销售量，获得较多市场份额。

② 目标：加强大众对于筷子材料、使用习惯的认识，提高消费者对新产品的偏爱度。

③ 目标：强化本品在消费者心中的健康、实用的形象。

2. 细节战略图

	Main广告	Sub广告
对象	20—60岁消费人群	25—45岁消费人群
战略产品	五木筷子套装	五木筷子套装
主要媒体	公交车内部、商业区户外广告	美食、家居类杂志
次要媒体	报纸、超市内部广告牌	传单广告
期待效果	宣扬“无漆”健康筷子的理念，彻底颠覆消费者原有的消费规律。其健康、性价比高的理念使产品形象牢固树立，为占领较多的市场份额打下基础。	起到辅助效果，旁敲侧击地为产品增加在消费者心中的美誉度。

3. 表现战略

	Main广告	Sub广告
对象	25—45岁的消费人群	20—60岁的次要消费人群
战略产品	木朴 五木筷子套装	木朴 五木筷子套装
Concept point	健康、人性化、包装精美	健康、实惠
表现展开point	包装设计、标志名字、健康	价格适中
表现展开	“无漆”的健康筷子的理念和为了消费者健康所做的贴心设计。实惠的价格是普通家庭可以接受的，还可以作为礼品。	实惠的价格买来了健康，半年一次的更换，还可以作为礼品。

三、广告效果

相对于竞争激烈的筷子销售市场，木朴筷子以特有的“无漆”天然木材筷子出现在市场，通过产品革新及有创造性的广告战略，改变大家对筷子的很多不正确的概念，让真正有利于健康的筷子形象深入人心。

广告计划书是指导整个商业广告运作过程的理论指导，贯穿于整个商业广告运作过程。计划的准确与否，将决定商业广告运作的成败。因此，广告计划书起着至关重要的作用。

【课后思考与练习】

1. 商业广告设计的创意如何把握?

2. 商业广告设计有何独特性及价值?

3. 如何挖掘商业广告设计中的思政元素?

4. 结合设计竞赛，设计2套商业广告设计，含调研分析、创意来源、创作草图、方案展示、应用效果等，以PPT形式进行汇报。

附录

课时计划

（建议48学时）

章	节	理论学时	实践学时
第一章　广告设计基本概念	第一节　广告设计概念	2	4
	第二节　广告设计思政价值导向		
	第三节　思政广告设计分类		
	第四节　广告设计特点		
	第五节　广告设计的作用		
第二章　广告设计的视觉要素	第一节　广告设计的具象要素	2	4
	第二节　广告设计的抽象要素		
第三章　广告设计形式规律	第一节　广告设计的形式要素	2	4
	第二节　广告设计中形式要素的关系		
第四章　广告设计的视觉传达形式	第一节　广告设计视觉语言的表意传达	2	4
	第二节　广告设计视觉语言的表形传达		
	第三节　广告设计视觉语言艺术效果传达		
第五章　社会主义核心价值观广告设计	第一节　社会主义核心价值观与广告设计	2	4
	第二节　社会主义核心价值观广告设计的范畴及选题		
	第三节　社会主义核心价值观广告设计的创作原则		
第六章　中华美育广告设计	第一节　中华美育与广告设计	2	4
	第二节　中华美育广告设计的范畴及选题		
	第三节　中华美育广告设计的原则		
	第四节　中华美育广告设计的价值取向		
第七章　廉洁教育广告设计	第一节　廉洁教育与广告设计	2	4
	第二节　廉洁教育广告设计的范畴及选题		
	第三节　廉洁教育广告设计的原则		
	第四节　廉洁教育广告设计的价值取向		
第八章　商业广告设计	第一节　商业广告设计的范畴及选题	2	4
	第二节　商业广告设计的原则		
	第三节　商业广告运作过程		
	第四节　商业广告设计基础形象		
	第五节　商业广告设计的创意		
	第六节　商业广告计划书撰写流程		
合　计		16	32
总　计		48	

思政元素提炼

教学部门：艺术学院　制作人：霍楷

课程名称	广告设计	授课的对象	本科生
课程类型	专业课	课程总学时	48学时

一、授课内容

（一）社会主义核心价值观广告：以24字社会主义核心价值观为选题来源，反映主流价值引领和思政导向，进行优秀案例分析和选题创作定位。

（二）中华美育广告：挖掘中华优秀传统文化中具有民族特质和审美元素的中华美育文化，弘扬真善美，传承中国文化，讲好中国故事。

（三）廉政文化广告：收集和整理廉洁故事、反腐倡廉案例、廉洁文化知识，提取和分析相关元素，以艺术化表现方式、物象呈现，宣传和推广廉洁文化。

（四）学术诚信广告：以弘扬科学家精神为目标，收集教学和科研领域学术道德和学风建设案例开展创作，坚守学术诚信，反对学术不端，从正反两方面开展案例分析和选题创作。

（五）商业广告：分析商业广告经典案例，结合商业选题真题真做，尊重艺术规律，运用前沿理念和技术手段，通过线上线下、静态动态媒体资源，多渠道开展创作。

二、实施过程

（一）思政元素类型

（1）社会主义核心价值观教育

（2）中华优秀传统文化教育

（3）审美教育

（4）职业理想和职业道德教育

（二）课堂教学方法

（1）教学手段：以口头讲述、案例分析为主，以PPT、视频等多媒体展示相结合的形式完成课堂教学；结合课程选题调研，通过田野调查和网络调研，解锁创意来源新思路，推进大学生思政元素的融入式、体验性和感知度。

（2）思政内容融入点：公益广告、文化广告中直接融入社会主义核心价值观、中华美育精神、廉洁文化、科学家精神，选题项目与课程设计正向结合，增加课程思政契合度；商业广告中充分挖掘创意美、艺术美、技术美、媒介美元素，提升、普及与推广社会审美。

三、思政元素内容

元素一：社会主义核心价值观融入广告设计

（一）元素内容

2012年11月，党的十八大报告明确提出“三个倡导”，即“倡导富强、民主、文明、和谐，倡导自由、平等、公正、法治，倡导爱国、敬业、诚信、友善，积极培育社会主义核心价值观”。2013年12月，中共中央办公厅印发《关于培育和践行社会主义核心价值观的意见》，明确提出，以“三个倡导”为基本内容的社会主义核心价值观；同期，中共中央办公厅印发了《关于培育和践行社会主义核心价值观的意见》，坚持育人为本、德育为先，围绕立德树人的根本任务，把培育和践行社会主义核心价值观融入国民教育全过程。

社会主义核心价值观为广告设计提供了价值观的选题导向。公益广告是一盏明灯。富强、民主、文明、和谐，自由、平等、公正、法治，爱国、敬业、诚信、友善是公益广告重要选题来源。2014年7月，教育部新闻办、思政司、中国大学生在线等主办“公益广告与社会主义核心价值观”研讨会，与会专家指出，公益广告与社会主义核心价值观主题，就是在视觉艺术中体现社会主义核心价值观的问题，公益广告要将社会主义核心价值观融入生活。公益广告不逐名利，潜移默化中引领文明风尚。

（二）参考文献

1. http://www.moe.gov.cn/jyb_xwfb/moe_2082/s7866/s8047/201405/t20140508_168562.html.

2. http://www.moe.gov.cn/jyb_xwfb/s5147/201312/t20131224_161114.html.

3. http://www.moe.gov.cn/jyb_xwfb/s5147/201407/t20140716_171637.html.

（三）价值拓展

引导学生以社会主义核心价值观为选题开展专业创作，以专业实践培养学生知、信、行统一，培养社会主义理想和信念，以艺术劳动创作践行社会主义核心价值观。

元素二：中华优秀传统文化融入广告设计

（一）元素内容

中华优秀传统文化是中华民族5000多年积淀的悠久文明和精神符号，加强中华优秀传统文化教育，是深化中国特色社会主义教育和中国梦宣传教育的重要组成部分，是培育和践行社会主义核心价值观，落实立德树人根本任务的重要基础。中华优秀传统文化是中华民族语言习惯、文化传统、思想观念、情感认同的集中体现，凝聚着中华民族普遍认同和广泛接受的道德规范、思想品格和价值取向。

中华优秀传统文化中的民俗、典故、节日、音乐、书画、语言、戏曲等是公益广告及文化广告创作的重要来源。2016年4月，教育部印发《完善中华优秀传统文化教育指导纲要》，要求将中华优秀传统文化系统融入课程和教材体系，有序推进中华优秀传统文化教育。将中华优秀传统文化以广告艺术化表现形式再现，在线上线下多媒介中广泛传播，是文化传承和创新的重要形式。将中华优秀传统文化融入广告设计，就是引导学生学会心存善念、关爱他人、尊老爱幼、扶残济困、关心社会、尊重自然，培育爱国主义精神，形成乐于奉献、热心公益慈善的良好风尚。

（二）参考文献

1. http://www.moe.gov.cn/srcsite/A13/s7061/201403/t20140328_166543.html.
2. http://www.moe.gov.cn/jyb_xwfb/gzdt_gzdt/s5987/201404/t20140401_166524.html.
3. http://www.moe.gov.cn/jyb_xwfb/s5147/201404/t20140402_166580.html.

（三）价值拓展

培养学生以传统文化视角开展广告创新设计，挖掘中国传统文化中特有的民族气质和审美元素，以艺术创新的形式表现出来，彰显中华美育精神，弘扬和传承中华优秀传统文化。

元素三：廉洁文化融入广告设计

（一）元素内容

廉洁文化是提倡廉洁自律、服务人民、秉公办事、清白做人的高尚精神文化，是一种值得学习的中华优秀传统美德。廉洁文化体现在公平公正的环境、廉洁自律的权力、爱岗敬业的工作、诚实守信的人格。廉洁教育是将廉政文化引入教育过程，在预防腐败、构筑风清气正环境中具有重要作用。廉洁教育是教育者的历史使命和政治责任，加强廉洁教育是立德树人的重要形式。

把廉洁教育和德育结合起来，是思想道德建设和思想政治教育中的重要举措。廉洁教育是广告设计课程思政的重要组成部分，抓好廉洁教育进课堂、进选题、进创作，挖掘创意的弘扬廉洁美德、反腐倡廉，是广告设计思政的重要导向。教育部思政司连续八届主办廉政文化作品大赛，推进高校廉政文化建设和廉洁教育，为廉政广告设计参赛提供平台，对引导师生崇廉明德、践行社会主义核心价值观起到重要作用。

（二）参考文献（不得漏项）

1. http://www.moe.gov.cn/jyb_xwfb/gzdt_gzdt/moe_1485/tnull_6906.html.
2. http://www.moe.gov.cn/jyb_xwfb/gzdt_gzdt/moe_1485/tnull_21009.htm.l

（三）价值拓展

以教育视角开展廉洁文化教育，以创新形式凸显反腐倡廉观念，希望学生刻苦努力、弘扬廉洁美德，旗帜鲜明反腐倡廉，培养公平、公正、清白、奉公的高尚品格。

元素四：学术诚信融入广告设计

（一）元素内容

学术诚信是学术研究和学术创新的基石，学术不端行为严重破坏学术研究环境和学风建设。学术研究的原创与创新、风清气正的学术环境、公平公正的学术竞争与评价、学术规范的管理制度、恪守严谨奉献的科学家精神，是教书育人的重要保障。

将学术诚信融入广告设计创作选题，是艺术设计领域立德树人的实践要求。通过艺术创作宣传打击学术不端和失信行为，弘扬学术诚信和学术公正，正反两方面开展广告设计创意，立足大学生视角以实践创作开展学术诚信教育。

（二）参考文献

1. http://www.moe.gov.cn/srcsite/A02/s5913/s5933/201608/t20160816_275058.html.
2. http://www.moe.gov.cn/srcsite/A02/s5911/moe_621/201607/t20160718_272156.html.

（三）价值拓展

打击学术不端、弘扬科研诚信是学生坚守的道德准则，希望学生在求学道路中刻苦努力、恪守学术道德、建设优良学风、弘扬科学家精神。

元素五：商业广告中弘扬真善美

（一）元素内容

以艺术展演和竞赛中的真题真做项目、社会实践项目为主，包括旅游宣传推广的新农村广告设计主题、商品宣传主题、商业活动推广主题等，在创意和制作中，以“创、量、健、技、美”为作品的质量要求，体现作品创意和创新、工作量饱满、主题健康积极向上、技术新颖刻画深入、艺术水平高审美性强的五大标准。

以上五方面创意选题结合真题真做，广泛投稿到国际、国内高水平竞赛和展览，按照国际化、专业化、前沿性、艺术性标准进行评判检验，同时获奖作品在国际展赛中传递中国文化、传播中华美育、讲好中国故事。

（二）参考文献

http://www.moe.gov.cn/jyb_xwfb/moe_2082/s7866/s8047/201405/t20140508_168562.html.

（三）价值拓展

通过广告设计艺术加工，让学生体会发现美、分析美、研究美、创造美和分享美的全过程，引导学生追求真善美的真谛，告诫学生不但要做美的创造者，还要做美的传播者。